Pjer Paolo Pazolini
TEOREMA

REČ I MISAO

NOVA SERIJA

414

Sa italijanskog prevela
JUGANA STOJANOVIĆ

Urednici
JOVICA AĆIN
DRAGAN LAKIĆEVIĆ

PJER PAOLO PAZOLINI

TEOREMA

IZDAVAČKA RADNA ORGANIZACIJA »RAD«
BEOGRAD, 1988.

NASLOV ORIGINALA

Pier Paolo Pasolini

TEOREMA

„*Nego Bog zavede narod
putem preko pustinje. , .*"

Druga knjiga Mojsijeva
—*Izlazak*—
glava 13, stih 18*

---
* Svi navodi iz Starog zaveta uneti u ovu knjigu prevod su Đure Daničića, — *Prim. prev.*

PRVI DEO

1

PODACI

Prvi podaci u ovoj našoj priči sastoje se jednostavno od opisa života jedne porodice. Reč je o porodici koja pripada srednjem građanskom staležu: srednjem u ideološkom, ali ne i u materijalnom smislu. To je veoma bogat sloj ljudi iz Milana. Uvereni smo da čitaocu nije teško zamisliti kako ti ljudi žive, kako se ophode prema svojoj sredini (a to je upravo sredina bogate industrijske buržoazije), kako se ponašaju u krugu porodice i tako dalje. Osim toga, uvereni smo da nije teško ni zamisliti (ako nam bude dopušteno da zaobiđemo neke nimalo nove pojedinosti društvenih običaja) svaku od tih osoba pojedinačno. U stvari, daleko od toga da su one neke izuzetne ličnosti. Naprotiv, sve su to, uglavnom, prosečni ljudi.

Oglašavaju se podnevna zvona. To su zvona iz susednog Lainatea ili Arezea koji je još bliži. Zvuku zvona pridružuje se prigušeno i gotovo umilno zavijanje sirena.

Neka fabrika zaklanja ceo vidik (teško razaznatljiv usled tanane koprene magle koju ni svetlost podneva ne može da rasturi) zidinama nežne svetlozelene boje slične plaveti nebeskog svoda. Doba je svakogodišnje (moglo bi biti proleće ili rana jesen ili, istovremeno, i jedno i drugo, jer u ovoj našoj priči događaji se ne iznose hronološkim redom) i topole koje uokviruju u dugim pravilnim redovima ogromnu čistinu na kojoj se (tek od pre nekoliko meseci ili godina) diže fabrika, gole su ili tek propupile (a možda im to po granama i nisu pupoljci već suvo lišće).

Na te znake da je kucnulo podne, da je doba za obed, radnici počinju da izlaze iz fabrike i redovi, na stotine parkiranih automobila oživljavaju...

U toj sredini, na toj pozadini pojavljuje se prvo lice naše priče.
Kroz glavnu kapiju fabrike — ispraćen gotovo vojničkim pozdravima i salutiranjem — polako izlazi jedan „mercedes". U njemu sedi čovek ljubazna i zabrinuta, ponešto uvela lica koji se celog života isključivo bavio poslovima a možda povremeno i sportom. To je vlasnik — ili bar glavni akcionar — te fabrike. Može mu biti četrdesetak, pedesetak godina, ali deluje veoma mladalački (preplanuo je, kao ljudi koji su se u mladosti a i kasnije bavili sportom). Zuri u prazno, pogled mu je brižan, utučen ili prosto bezizrazan: zato i nedokučiv. Ne znači mu ništa što ovako svečano ulazi ili izlazi iz fabrike — čiji je vlasnik — na to je već navikao, to je prosto rutina. Ukratko, po svemu sudeći, on je čovek potpuno okrenut sebi. To što predstavlja opšte uvaženu ličnost koja u svojim rukama drži konce sudbine drugih ljudi, čini ga, kako ćemo kasnije videti, bićem nedostižnim, otuđenim, tajanstvenim. No, ta tajanstvenost je površna, spoljnja, nema u njoj neke dubine i finijih nijansi.

Njegova kola iza sebe ostavljaju fabriku dugu kao horizont, koja gotovo lebdi na nebu, i kreću putem, tek probijenim između starih topola koji vodi prema Milanu.

2

JOŠ NEKI PODACI (I)

Oglašavaju se podnevna zvona.
Pjetro, drugo lice naše priče — sin prvog lica — izlazi kroz veliku kapiju gimnazije Parini (ili je možda već izišao i sada se vraća kući ulicama kojima svakodnevno prolazi).
I njegovo, kao i očevo, ne tako visoko (čak gotovo nisko) čelo, ozareno je inteligencijom bića koje nije uzalud provelo dečaštvo u jednoj veoma bogatoj milanskoj porodici. No, kod njega se mnogo više nego kod oca primećuje da mu to ne pada lako. I tako, umesto da se razvio u samopouzdanog dečaka, i možda, kao što je to slučaj s njegovim ocem, u sportski tip, on je slabašan, niska modrikasta čela, pogleda potuljenog i dvoličnog, s još uvek pomalo mangupskim čuperkom iznad čela, ali već beživotan, kao budući građanin kome je suđeno da se nikom ne suprotstavlja.
Opšte uzevši, Pjetro je sličan nekom liku iz starih, nemih filmova, bolje rečeno — tajanstveno i neodoljivo — podseća na Čarlija Čaplina. Doduše, bez nekih vidljivih razloga. Međutim, čovek se ne miže oteti utisku kad ga posmatra da je, kao Čarli Čaplin, upravo stvoren da nosi prevelike kapute i jakne, s rukavima koji mu vise pola metra preko šake — ili da trči za tramvajem koji nikad neće stići — ili da se dostojanstveno oklizne na koru banane u nekoj turobnoj i tragično usamljenoj gradskoj četvrti.
Pa ipak, ovo su samo subjektivni utisci, improvizacije: čitalac ne sme dozvoliti da ga oni odvedu na pogrešan put. Zasada Pjetra mirne duše možemo zamisliti kao bilo

kog omladinca iz Milana, učenika gimnazije Parini, koga njegovi drugovi smatraju bratom rođenim, saučesnikom, saborcem u njihovoj naivnoj klasnoj borbi, tek povedenoj a već tako ubeđenoj. Mangupskog i srećnog izraza lica, Pjetro ide s nekom malom plavušom, očigledno istog imovinskog stanja i društvenog porekla, koja je nesumljivo sada njegova devojka.. To je neosporno: vraćajući se kući pored lepih travnjaka u jednom milanskom gradskom parku u koji je upeklo sunce (i ono je neopipljivo vlasništvo onog ko poseduje grad) *iskreno* je obuzet udvaranjem toj svojoj školskoj drugarici. Doduše, udvara joj se kao da otaljava neki mučan posao, a razlog tome je što mu dušu pritiska nekakav potajni grč stida, osećanje nesaopštivo koje zataškava zavitlavanjem i samouverenim držanjem. Tog osećanja se, uostalom, sve i kad bi hteo, *ne bi mogao* otarasiti.

Njegovi drugovi — svi pristojno odeveni, iako nastoje da izgledaju pomalo frajerski, s licima na kojima se onako utučenim ili neprijatnim, čita da je u njima prerano ugušeno svako osećanje za nesmišljeno, neračunsko ponašanje i sve što je čisto — saučesnički ostavljaju iza sebe pomenuti par. Tako Pjetro i njegova devojka zastaju pored žbuna, žutog kao klasje — ako je jesen — nežno prozračnog — ako je proleće — i šale se. Onda prilaze nekoj skrovitoj klupi, sedaju, grle se, ljube. Prolazi neki nepoželjni svedok (neki izuzetnik, na primer, koji šeta po suncu koje mu sada može doneti samo utehu) i prekida njihove najgrešnije radnje (njenu ruku uz njegovo krilo, to krilo u kojem ipak još nema nimalo snage i čvrstine). No oni imaju prava da se ponašaju kako im drago a njihov odnos je najzad iskren, simpatičan i slobodan.

3

JOŠ NEKI PODACI (II)

Oglašavaju se podnevna zvona.
I Odeta, mlađa Pjetrova sestra, vraća se iz škole (Zavod marčelinki). Veoma je umiljata i uzbudljiva jadna Odeta sa čelom koje podseća na kutijicu punu bolne pameti, štaviše bezmalo *mudrosti*. Kao deca siromaha koja sazru čim se rode i znane su im već sve strane života, jer su rano bila na situ i rešetu, nekad su i deca bogataša starmala — stara onako kako je stara njihova klasa: žive, dakle, kao da ih podriva neka boljka — ali sa humorom — koji se može porediti s blagom veselošću siromašne dece — prema nekom zakonu nepisanom ali koji nagonski znaju napamet.
Po svemu sudeći, Odeti je jedina briga da sve to prikrije. Taj napor, ipak, nije krunisan uspehom, jer upravo taj vidljivi napor otkriva njenu pravu prirodu. Iako joj je lice ovalno i lepo (sa ponekom pegom koja se već po starom običaju smatra poetskom), oči krupne, s dugim trepavicama i nos kratak i oštro izvajan — usta su naprotiv gotovo zbunjujuće otkriće Odetine prave prirode. Nisu ružna ta usta, naprotiv: veoma su ljupka, pa ipak u njima ima nečeg čudovišnog. Tako su ispupčena i neobična da čovek ne može odoleti iskušenju da bar začas na njih ne obrati pažnju, jer je donja usna uvučena kao u zečića ili miševa. U stvari, to je podrugljiva grimasa bića sklonog šaljivom raspoloženju — ili ispunjenog bolnim i prikrivenim saznanjem o sopstvenom ništavilu — raspoloženju bez koga Odeta ne bi bila živa.
I tako, sada, vraćajući se kući, istovremeno s bratom Pjetrom, Odeta ima sve one spoljnje i opšte odlike veoma

bogate devojčice kojoj je porodica dozvolila (pomalo iz snobizma) da u pogledu oblačenja i ponašanja bude u toku vremena (uprkos sestrama marčelinkama).

I Odeta ima dečka koji joj se udvara: jednog gipkog i visokog idola njene društvene klase i njenog soja ljudi. I njih dvoje je okruženo grupom drugova i drugarica koji su tek kročili preko praga prve mladosti a već se ponašaju potpuno prirodno „po uzoru na", to jest pljunuti su roditelji, njihova savršeno verna kopija.

Razgovor Odete i njenog golobradog udvarača kreće se oko jednog albuma fotografija koji Odeta ljubomorno steže ispod miške zajedno sa udžbenicima. To je album sa somotskim koricama, pun ružičastih i crvenih girlandi u stilu „liberti." Taj album je još uvek potpuno prazan, očigledno je tek kupljen u nekoj knjižari. Samo prva stranica je svečano otvorena jednom velikom fotografijom, fotografijom oca.

Udvarač se na račun tog albuma malo šali, kao da mu je dobro poznato da ta devojčica odavno pati od skupljanja fotografija. Međutim, kad dozvoli sebi tek malo više slobode, samo jednu kretnju, samo jednu reč — pored nekog vodoskoka od pocrnelog kamena ispod drvoreda topola koje imaju metalni sjaj — Odeta pobegne. U tom njenom bežanju ima nečeg otmenog i ćudljivog, iako joj je lice u tom trenutku potpuno bezizražajno, ali, u stvari, iza toga se krije istinski strah. Čak primedba koju je pred drugovima i drugaricama dobacila zagrejanom udvaraču koji trči za njom: „Ne volim muškarce", izgovorena je u u drskoj ali i otmenoj šali. Pa ipak, u toj primedbi očigledno ima i neke istine.

4

JOŠ NEKI PODACI (III)

Kako je čitalac već sigurno primetio, ovo naše izlaganje nije toliko priča koliko ono što se u nauci zove ,,izveštaj". Ono je, dakle, veoma informativno, zato tehnički, spoljnjom formom nije uobličeno kao ,,poruka" već kao ,,kodeks". Osim toga, ovo izlaganje nije realističko, već je, naprotiv, simbolično... zagonetno... tako da svaka prethodna beleška o identitetu likova ima isključivo informativni karakter: odnosi se na konkretnost, ne na suštinu stvarnosti.

Čitalac može zamisliti Lučiju, Pjetrovu i Odetinu majku, u nekom mirnom i skrovitom uglu kuće — u spavaćoj sobi ili budoaru, ili malom salonu, ili na verandi — s blagim odsjajima zelenila iz parka, i tako dalje. No, Lučija se ne nalazi tu u svojstvu anđela čuvara kuće, to ne, nikako. Ona se nalazi tu kao žena koja se dosađuje. Našla je neku knjigu, počela da je čita i u nju se udubila (to je knjiga, pametna i retka, o životu životinja). Eto tako čeka vreme ručku. Dok čita, jedan talas joj pada na oko (kaćiperni talas koji joj je namestio frizer možda koliko tog jutra). Pošto je pognuta, svetlost joj pada na visoke jagodice, ponešto uvele i beživotne — zažarene kao u bolesnika. Pogled joj je uporno oboren, oči bademaste, crne, čak malo modrikaste, divljeg sjaja, možda zbog njihove mračne dubine i vlažnih zenica.

No, pošto se pomerila i začas digla pogled s knjige kako bi na svom ručnom satiću videla koliko je sati (morala je da digne ruku i pruži je prema svetlosti), za trenutak se učinilo, a to je utisak prolazan i možda u osnovi pogrešan, da pomalo liči na neku narodsku curu.

Pa ipak, pošto je predodređena da provodi dane sedeći u naslonjači, njen kult prema lepoti (tu lepotu prevashodno smatra obavezom) koju mora prihvatiti kao nekakvu funkciju prilikom podele dobara, obavezom prema jednoj inteligenciji razvijenoj na tlu koje po sebi ostaje reakcionarno, obavezom zbog koje se možda postepeno izrodila u nekakvo kruto biće. I ona je, dakle, dobila odlike tajanstvene osobe kakav joj je bio muž. No, iako je to tajanstvo u njoj pomalo lišeno dubine i finih preliva, ipak je mnogo uzvišenije i postojanije (tako se zaklonjena njime možda ipak u njoj batrga jedna krhka Lučija, devojčica iz vremena kad nije bila tako materijalno obezbeđena).

Dodajmo da je, kad je Emilija, služavka, došla da je obavesti da je ručak na stolu (i odmah, narogušena kako ju je Bog dao, nestala iza dovratka), Lučija leno ustala, leno bacila knjigu na najnezgodnije mesto — možda ju je ispustila tako da je pala upravo na tlo — i brzo i pomalo rasejano se prekrstila.

5

JOŠ NEKI PODACI (IV)

I ovaj, kao i sledeći prizor u priči, čitalac treba da shvati isključivo kao obaveštenje. Prema tome, u njemu se ništa ne raspreda nadugo i naširoko niti se opisuju pojedinosti kao u svakoj tradicionalnoj, bolje rečeno običnoj, povesti. Ponavljamo, ovo nije realistička priča, ovo je parabola a, uostalom, još nismo ni zašli u središte zbivanja: još smo kod izlaganja činjenica.

Koristeći lepo sunčano vreme, porodica ruča napolju, pod vedrim nebom. Deca su se tek vratila iz škole, otac iz fabrike. Sada su svi na okupu za stolom. U gradskoj četvrti u kojoj stanuju imaju mira kao da su na selu. Cela kuća je okružena parkom. Sto je postavljen na čistini, na suncu, dalje od žbunja i krošnji drveća u čijim senkama je još uvek veoma sveže.

Iza parka nalazi se put, bolje rečeno velika aleja — periferijska, ali na periferiji punoj letnjikovaca — koja se tek nazire, s krovovima drugih kuća i malih palata, otmenih, tihih i nekako uvučenih.

Porodica ruča, na okupu je, a Emilija poslužuje. Emilija je devojka neodređenih godina kojoj bi slobodno moglo biti osam kao i trideset osam godina. To je siromašna devojka iz severne Italije, otpad društva, iako nije obojene već bele rase. (Vrlo je verovatno da potiče iz nekog mesta u ravnici Basa Milaneze, nedaleko od Milana, koja ipak još uvek ostaje potpuno seljački kraj. Možda je iz samog Lodiđana, iz predela u kojem je ugledala svetlost dana jedna svetica, verovatno na nju nalik, sveta Marija Kabrini.)

Jeknu zvonce.

Emilija pritrčava vratima i otvara ih. Pred njom se pojavljuje Anđolino, čije ime znači anđelak, momak koga možemo smatrati sedmim likom naše priče, bolje rečeno nekakvim džoli-džokerom. I zaista, sve u njemu izgleda uvračano, magijsko: guste i neviđene kovrdže koje mu padaju na oči kao kakvom rundovu bundovu, smešno pegavo lice i oči u obliku polumeseca prepune neke bezgranične vedrine i razdraganosti. ,,Anđelak" donosi vesti, jer on je pismonoša. I tu je s telegramom u ruci pred Emilijom koja je njegov par, njegove gore list, ali ga *ipak nimalo ne ceni*. No, umesto da joj preda telegram nešto je pita, lica ozarena širokim, zašećerenim osmehom, namigujući i pokazujući glavom park u kojem gazde upravo ručaju. Zatim ostavlja Emiliju okruženu ćutanjem i trči do ugla letnjikovca. Odatle vreba one koji učestvuju u obredu ručavanja bogatih, očima tražeći Odetu (kojoj se udvara samo zato što je alamunja, što voli da se zamlaćuje). Najzad zaboravivši Odetu i sve ostalo isto onako brzo kako ih se i setio, saučesnički se obraća Emiliji, pa se i njoj šaljivo nakrevelji (što takođe spada u njegovo udvaranje Odeti) predaje joj najzad telegram — i poleti izatrke kao da mu se tobože žuri ali nimalo uzbuđen, i štukne prema izlazu.

Emilija nosi telegram porodici koja i dalje ćuteći ruča na suncu. Otac diže pogled s građanskih novina koje upravo čita i otvara telegram u kojem piše: ,,Sutra sam kod vas" (otac palcem pokriva ime potpisnika). Očigledno je da su svi taj telegram već očekivali i njihova radoznalost je stoga bila zadovoljena pre ove potvrde da će se to očekivanje ostvariti. Stoga produžuju ručak mrtvi-
-hladni pod vedrim nebom.

6

KRAJ IZLAGANJA ČINJENICA

Unutrašnjost kuće ove naše porodice kupa se u svetlosti premda je vreme čaju i u smiraju koji ispotiha osvaja okolinu, sunce još uvek šalje na zemlju zrake obilno prožete ćutanjem topola i tišinom travnjaka, ravnih i zelenih, raskvašenih kišnicom. Pošto je verovatno nedelja, u toku je mali prijem na koji je pozvana omladina. Bolje rečeno, školski drugovi i drugarice Pjetra i Odete. No, tu su i neke gospođe, majke tih mladih zvanica. U toj gužvi (koja u sličnim prilikama uvek odiše nekim tužnim, sumornim raspoloženjima, jer ljudi tada nisu više onako važni, jadno i odvratno naduveni, pa se opuštaju u blagoj atmosferi — atmosferi obasjanoj električnim osvetljenjem i sunčevim zracima koji dopiru iz nizije) pojavljuje se sada jedan novi i neobičan lik naše priče.

Lik neobičan prvenstveno po svojoj lepoti, tako izuzetnoj da gotovo sablažnjivo odudara od izgleda svih prisutnih. I zaista kad namernika bolje zagledaš, učini ti se da je stranac, da dolazi iz neke nepoznate sredine ali ne samo zato što je visok i plavook, već zato što u njemu nema ni traga od one ograničenosti, osrednjosti, prostote po kojoj bi se mogao s bilo kim porediti, tako da uopšte ne dolazi u obzir da bi taj mladić mogao biti izdanak neke italijanske sitnoburžoaske porodice. S druge strane, ne bi se moglo ni reći da poseduje bezazlenu čulnost i ljupkost momka iz naroda... Prema tome ostaje tajna kojoj društvenoj klasi došljak pripada iako se savršeno dobro uklapa među sve one koji ga okružuju u tom salonu ozarenom volšebnim sunčevim zracima.

Njegovo prisustvo tu, na tom sasvim običnom prijemu, deluje, dakle, gotovo sablažnjivo ali još uvek prijatno sablažnjivo, jer je ta sablažnjivost puna nekakve dobrohotne neizvestnosti. U suštini on predstavlja nešto osobeno, nešto različno po svojoj lepoti. I sav ženski svet, gospođe i devojke, posmatraju ga — naravno ne suviše napadno, jer svima su poznata osnovna pravila igre koja se sastoje u tome da se nikad, ni po koju cenu, ne otkriju karte.

Stoga, u granicama koje im nameće obzirnost i uzdržanost, neka Odetina drugarica ili neka mlada prijateljica Odetine majke pitaju ko je taj naočiti mladi novajlija. No, Odeta sleže ramenima. A Lučija, i ona uzdržana, ograniči se na poneko škrto obaveštenje ili umesto toga razvuče usne u sasvim običan osmeh. Ukratko, o novajliji nećemo ništa saznati a, uostalom, to je i nepotrebno. Ostavićemo, dakle, ovaj poslednji odeljak u našem izlaganju činjenica, nepotpun i obvijen neizvesnošću.

7

SVETI SEKS GOSTA EMILIJINIH GOSPODARA

Popodne je kasnog proleća (ili, s obzirom na neodređeno vreme u našoj priči, rane jeseni), tiho popodne. Jedva se čuje udaljeni žagor grada. Kosi sunčevi zraci ozaruju park. Kuća se ogradila tišinom i u njoj se usamila. Verovatno su svi izišli. U parku je ostao samo mladi gost. Opružio se na stolici za odmaranje ili se zavalio u slamnu naslonjaču. Čita. Glava mu je u prisenku, telo na suncu.

Kako ćemo uskoro bolje videti — kada sledeći poglede koji su mu upućeni — oči približimo pojedinostima njegovog tela izloženog suncu — on upravo čita neke medicinske i tehničke priručnike.

Tišina parka utonulog u dubok mir tog sunca, koje ni u čemu ne učestvuje i deluje tako utešno s prvim muškatlama koje pupe (ili s prvim lišćem šipka koje opada), remeti dosadno, jednolično i oštro zujanje i tandrkanje. To se, šetajući ovamo-onamo, glasi mala, mehanička kosačica. Na svaki pritisak ponovo počinje jednoliko, otegnuto, tiho cijukanje. Ko bi drugi, ako ne Emilija, kosačicu tako šetao gore-dole po travi.

Ona to radi u jednom uglu parka, u dnu glatkog, ravnog travnjaka koji gotovo zaslepljuje svojim zagastitim zelenilom, dok se mladić nalazi u drugom uglu, pored kuće, ispod senice od bršljana.

Uporna škripa kosačice povremeno utihne i Emilija nekoliko trenutaka stoji pravo i nepomično. Ne skida oči s mladića, pogled joj je veoma čudan kao u onog ko se ne usuđuje da gleda a istovremeno je toliko nepromišljen da ne zazire od svoje upornosti. Štaviše, njen pogled se postepeno smrači kao da ta neobzirna upornost upravo nju vređa.

Koliko li je vremena Emilija kosačicom prelazila ovamo-onamo po travnjaku, zaustavljala se i posmatrala da bi potom nastavila po starom, pogurena i sva gola voda? Koliko li je još vremena mladić, nesvestan ne samo njenog prisustva već i ne hajući za nju, čitao priručnike? Dugo, možda celo dugo prepodne — ili kratko prepodne u bogataškim kućama u kojima se deset sati smatra još predjutarjem. Sunce se sve više diže na vedrom nebu tako da u sparnom letnjem miru već počinje da neizdrživo peče.

Emilija neprestano, beslovesno, trapavo, ludački gura kosačicu ovamo-onamo (da i ne govorimo da to i nije njen već baštovanov posao. Međutim, ona je već odavno prisvojila pravo da se stara o travnjaku, i to iz čiste surevnjiovsti prema baštovanu pošto je i ona zemljoradničko dete i ovamo je došla pravo sa sela).

Mladić, dakle, ne primećuje da ga neko gleda, potpuno i gotovo naivno, dobromisleno udubljen u knjige koje proučava — što Emilija smatra gotovo svetim preimućstvom. Utoliko pre što sada, osim tih priručnika — možda da bi se malo odmorio — čita jednu knjižicu džepnog izdanja Remboove poezije. Čitanjem te knjižice je još više zaokupljen nego što je bio kad je proučavao one stručne tekstove.

Pogled služavke koja prekida posao da bi ga posmatrala, najpre je letimičan, prema tome pogled kojim se može obuhvatiti tek uopšteno prilika gosta s glavom u senci i telom na suncu.

No, potom se njen pogled izoštrava i duže se zadržava na tom objektu njenog posmatranja, dalekom i nepomičnom. Dok podlakticom prelazi preko čela da bi obrisala znoj, vrljavo gviri i preko oka mrgodno ispituje pojedinosti tela koje se tamo dole, koliko je dugo i široko, potpuno nesvesno nudi njenom pogledu.

I tako postepeno njeni pokreti — koji su izgledali sumanuti isključivo zbog nekakve njihove automatske

uprošćenosti — sada postaju sumanuti u pravom smislu reči i ona se čak time gotovo razmeće.
 Bolje rečeno, to šetanje kosačice ovamo-onamo, s veoma jednostavnim zadatkom da kosi travu, prestaje da biva nešto prirodno, običan, svakodnevni posao, pretvara se gotovo u ispoljavanje jedne namere s potajnim mračnim naličjem.
 I zaista, to Emilijino piljenje u gosta počinje da biva zloslutno, da u sebi krije nešto manijačko, nerasudno. Tako da najzad — kao da više ne može da izdrži (a gost još uvek to ne primećuje jer se uživeo u ono što čita — dok su s druge strane oni dva sveta, mladić je po svom društvenom položaju duhovno silno od nje udaljen), Emilija — teatralno — ostavlja kosačicu nasred travnjaka i gotovo trčećim korakom upada u kuću.
 Prolazi kroz sobu za dnevni boravak, kuhinju i upada u svoj sobičak, tesan kao ćelija, s nekim đinđuvama i ukrasnim sitnicama koje su joj blagoizvolele pokloniti gazde i s nekim njenim jadnim stvarčicama, šarenim lažama. I tu počinje da radi nešto što bi u drugim okolnostima moglo izgledati sasvim prirodno ali sada je besmisleno i neumesno pošto to izvodi neumerenim pokretima, patetično. Ona se naime češlja. Skida naušnice. Moli se (kratka molitva, malo pobožna, malo patetična). Zatim se trgne pošto je nekoliko puta poljubila jednu sličicu sa Isusovim presvetim srcem i izlazi. Vraća se, opet teatralno, u park kosačici.
 I eto je gde opet počinje onaj opsesivni ceremonijal šetanja kosačice ovamo-onamo po travi dok smućenim i naivnim pogledom neprestano ispituje mladićevo telo.
 Postepeno joj dosadi, smuči joj se posmatranje tog tela. To joj postaje neizdržljivo. I ona se, ostrvljena, pobuni protiv sopstvenog iskušenja.
 Opet beži, ali ovog puta upadljivije, to jest usput plače, gotovo rida kao da je dobila histerični napad.
 Gazi travu u parku kao besna ovca i zadihano se vraća u kuću.
 Opet prolazi kroz sobu za dnevni boravak, upada u kuhinju i naglo ali pomalo zanesena i ošamućena izvlači

cev od plinskog štednjaka kao da namerava da izvrši samoubistvo.

Ovoga puta ju je mladić, hteo-ne hteo, morao primetiti i na nju obratiti pažnju. Nije mogao da mu promakne taj plač i to bezumno jecanje, nije mogao da ne primeti kako devojka beži i bez zazora prosto traži da je on pogleda i da je primeti. Stoga gotovo potrči za njom, ubrza korak kao i ona i sustiže je u kuhinji. Tu vidi kako se sva uzbuđena u znak bezumnog protesta, sprema da učini onu glupost. Priskoči joj u pomoć. Istrgne joj plinsku cev iz ruke, pokuša da je dozove pameti, urazumi, obodri, da na neki način prekine taj čin koji je posledica jednog potpuno slepog bola.

Odvlači je u njenu sobicu i polaže je na krevet, a Emilija počinje da se pokreće, da mirnije diše, očigledno želeći da je neko umiruje i teši.

U svemu tome — kako je diže, kako joj se obraća, kako je u tom jadnom sobičku polaže na krevet — mladi gost se ponaša neobično zaštitnički, gotovo majčinski toplo. Ponaša se kao majka kojoj su već poznate ćudi njenog čeda, pa je predvidela šta će se destiti i sklona je da na sve to gleda s puno razumevanja. No, u stavu koji mladi gost zauzima prema služavki ima i nekakve fine ironije. Ona se ogleda u toj njegovoj strpljivosti, u tome što ga ništa ne iznenađuje. I kao da neodmereno ponašanje te žene, njena bespomoćnost, iznenadno i konačno polaganje oružja, a prema tome i bacanje ponosa pod noge — pad celog jednog sveta u kojem su na snazi posebne dužnosti i obaveze — u njemu pobuđuje samo neku vrstu toplog saučešća, nežnu materinsku pažnju.

Takvo mladićevo ponašanje i izraz očiju kojim kao da je hteo reći: „Nije to ništa strašno!", još više dolaze do izraza kad Emilija (polaskana njegovom nežnošću i milovanjem i sada već sva u vlasti slepog nagona, pa prema tome ispustivši potpuno uzde svog života iz ruke) gotovo mehanički, u nekakvom više mističnom nego histeričnom nadahnuću, zadiže suknju iznad kolena.

To je izgleda bio jedini način na koji ona, izgubivši razum i ostavši bez reči, a sada već ne libeći se ničega, može da izrazi svoju želju, da mladiću ponudi nešto kao usrdnu molbu. A upravo zato što je to nešto ogromno, ono je i životinjski bezazleno, čisto i ponizno.

Mladić joj tada — još uvek zaštitnički kao majka i s blagom ironijom — povuče suknju malo nadole kao u odbranu onog stida na koji je ona zaboravila a koji, naprotiv, njoj po svemu priliči. Zatim je pomiluje po licu.

Emilija od stida zaplače, ukoliko to nije ona posebna vrsta plača koji je detinjasti izliv osećanja do kojeg dolazi kada kriza već prolazi i kad se čovek uteši.

On joj prstima briše suze.

Ona ljubi te prste — koji je miluju — s poštovanjem i ponizno kao kuja ili kćerka koja ljubi ruke ocu.

Ništa više ne stoji na putu njihovoj ljubavi i mladić leže na telo žene izlazeći u susret njenoj želji da je poseduje.

8

PONIŽAVAJUĆI JAD I BEDA SOPSTVENOG
NAGOG TELA I MOĆ NAGOG TELA DRUGA
KOJE JE OTKROVENJE

Na malu, belu aleju, usred zelenog travnjaka pred letnjikovcem, prema izlazu, stižu lakonoge i otmene osobe: jedna gospođa Lučijinih godina, neke devojke, možda njene kćerke i brdo kofera i torbi, sve od tamne, skupocene kože. Potmurno nebo sa suncem čiju svetlost su možda utulila daleka povesma magle — dolazak tih gošći obavija atmosferom neizvesnosti i nečim nestvarnim. To osećanje je ipak narušeno naivnim uzvicima i neuzdržanim izlivima zadovoljstva što čak i bogate i lepo vaspitane osobe sebi dopuštaju u nekim prilikama. Pridošlice s mnogo kofera, dočekuju Lučija (koja deluje gotovo bestelesno u svojoj strogoj eleganciji) i njena deca. Iz one sluđene spoljne atmosfere koju stvara upadljivo zelena ponjave trave — svi ulaze u utukanu atmosferu unutrašnjosti kuće, kroz blistava zastakljena vrata.

  Usled te neočekivane posete uskoro — ili uveče — Emilija pogrbljena pod teretom velikog kofera (muškog) ulazi u Pjetrovu sobu. Tu stavlja kofer (pažljivo i s poštovanjem jer to je kofer mladog gosta) i skrušeno odlazi.

  Gost i sin spavaju, dakle, u istoj sobi. I uveče u nju zajedno ulaze.

  Pjetrova soba je spavaonica dečaka koji počinje da stasa u momka. Još uvek nameštena u pomalo neobaveznom stilu privatne prostorije jednog maminog sina, prvenca iz građanske porodice (to jest, nameštena je po ukusu koji majke pripisuju svojim sinovima — da bi se pored njih i same podmladile i držale korak s vremenom tako da se to gnezdo dečjih snova pretvara u razmetljivu izložbu raznih rekvizita koji se sreću na slikama fovista, u stripovima i kod američkih junaka iz omladinske literature). Međutim, ta soba — koja se iz godine u godinu kako je sin rastao, menjala — nije više dečja soba, to je soba mladića sa stilom nakalemljenim na prethodni stil, onako kako se jedan na drugi nakalemljuju različiti stilovi na pročelju jedne te iste crkve. Novi stil je veoma uzdržan i otmen, u njemu nema ničeg suvišnog, iako dva-tri komada nameštaja potiču iz antikvarijata.

Tu su naravno dva kreveta: jedan je u pravom smislu reči krevet, mesingani, otmen, verovatno ga je izabrala majka. Drugi je naprotiv kauč, naravno i on veoma otmen (čak i pomalo precenjen potrebom da bude kamufliran kako ne bi delovao neskromno).

Dvojica mladih, dečak i gost idu, dakle, zajedno na spavanje, ćuteći i možda malo umorni.

(Da li to veče prethodi onom događaju sa Emilijom ili je posle njega usledilo? Možda se to zbilo juče ili će se zbiti sutra: to je potpuno nevažno.)

Dvojica mladih ulaze, dakle, u sobu. Možda je kasno, možda su pospani ili možda ćute a to je najverovatnije, zato što su zbunjeni, pometeni, a Pjetro je još i u nekom neobičnom raspoloženju, nelagodno mu je dok zajedno ulaze u sobu i svlače se pre no što će ući u krevet.

I zaista, dok se mladi gost — možda iskusniji i najzad stariji — kreće prilično neusiljeno, drugi dečak, naprotiv, izgleda zbunjen i nečim sputan zbog čega je veoma zamišljen, zlovoljan, napet. Gost se, što je prirodno, slobodno svlači pred dečakom. Najzad ostaje go kao od majke rođen, nimalo uplašen, nimalo postiđen, kako to biva ili bi trebalo da bude u većini slučajeva kad su u pitanju dva mlada bića istoga pola i približno istih godina.

Pjetro se, ponavljamo, očigledno oseća duboko postiđen što bi se, iako je to neprirodno, moglo i razumeti (s obzirom na to što je mlađi) i što bi mu čak dalo posebnu draž da je nešto taj stid uzeo sa pomalo smešne strane i da se zbog njega na sebe ljuti. Naprotiv, Pjetro je potišten što iskreno ne zna gde da gleda od sramote. Po prirodi bled, sad je još bleđi. Pogled njegovih ozbiljnih smeđih očiju sada je nekako potuljen i ponizan.

Da bi se svukao i obukao pidžamu, leže ispod čaršava i to, što inače nije nimalo teško, uspe jedva da izvede. Pre spavanja dvojica mladih izmenjaše nekoliko uobičajenih rečenica. Zatim poželeše jedno drugom laku noć i svaki ostade sam u svom krevetu.

Mladi gost — spokojan, što ipak ne deluje uvredljivo za onoga ko je nespokojan — tone u onaj tajanstveni san koji je preimućstvo zdravih ljudi. Naprotiv, Pjetro nikako ne može da zaspi. Leži otvorenih očiju, prevrće se ispod čaršava kao svi oni koji pate od glupe nesanice, ponižavajuće kao nezaslužena kazna.

9

OTPOR OTKROVENJU

Koliko li je vremena prošlo? Usred noći Pjetro je još uvek budan, još uvek ga opseda misao zbog koje ne može oka da sklopi i koja je verovatno i samom njemu neshvatljiva. Odjednom ustaje. I polako, sasvim polako, plašeći se da se gost ne probudi, štaviše prestravljen od same pomisli na tako nešto, sav bled od nemira u duši, dršćući od straha da ne bude zatečen — prolazi nekoliko koraka po sobi, prilazi gostu i dugo mu posmatra lice, ruke, razgolićena prsa. Posmatra taj njegov spokojni, krepki, blaženi san. I stoji tako, zamišljen i pometen, sav obuzet tim posmatranjem.

10

ANĐELAK DOLAZI I ODLAZI

U parku sede za stolom po kojem se talasa beli stolnjak sa dugim ružičastim i bledonarančastim cvetovima — mladi gost, Lučija i Odeta.

Park, veoma prostran sa zelenim engleskim travnjacima, ulaz u kuću i put iza nje, sve se to nalazi na jednoj ravni, predstavlja jedinstvenu celinu na istoj visini. Pred parkom, levo, unedogled se prostire, predgrađe u magli sa fabričkim zidinama belim i prozračnim kao gaza, a desno ulica sa letnjikovcima i malim palatama usukanim, punim nekih potajnih naličja, utonulim u mir i tišinu.

Svuda okolo grobna tišina koju narušavaju zvuci puni neke životnosti i duboke, prisne nežnosti.

U tom ćutljivom plandovanju gosta sa Lučijom i Odetom koje ništa ne govore i samo povremeno izmenjaju poneku uobičajenu rečenicu, ali koja sadrži nekakav dublji smisao, značenje zagonetno i možda neizrecivo — neočekivano, glumeći nekakvu pomalo besmislenu, a neosporno proizvoljnu ,,solo partiju" — nailazi kovrdžavi pismonoša, koliko-naivan, toliko bezočan, kao da je nekim čudom poslat iz nekog dalekog grada. On donosi podnevnu poštu koja se sastoji od časopisa u rukavcima koje niko živ niti očekuje niti čita.

Pismonoša nailazi iz velikog drvoreda četinara obavijenih maglom, ulazi kroz gvozdenu kapiju parka, približava se pojavljujući se i nestajući iza ograde i najzad eto ga gde prolazi kroz vrata letnjikovca.

Svi u kući znaju da se on na izvestan način udvara Odeti. To udvaranje je bezazleno, tek da se nazove udvaranjem, ono je spontano, magijsko. Ono je opšta tajna, svi se time zabavljaju i šale i ono spada u malu podnevnu tradiciju.

Pismonošine kose nasmejane oči, proviruju kroz retko lišće (rascvetanih ruža ako je jesen, ili ruža u pupoljku ako je proleće) i zrače čistom i priprostom, jednostavnom srećom.

Anđolino stupa na prag kuće, zvoni, stavlja nešto bez reči do znanja Emiliji koja mu u svemu protivreči. Izišla mu je u presret mrzovoljna, pokunjena nosa — a on odlazi pevušeći, zaboravivši i da pogleda Odetu, kao da ga privlači sunce svakodnevnog postojanja koje prosipa zrake na daleki grad.

11

ODREĐIVANJE SEBE KAO ORUĐA SABLAZNI

Možda je još uvek ona ista noć u kojoj smo ostavili Pjetra kako zamišljeno posmatara usnulog gosta. (Poslednji put podvlačimo da su prostor i vreme svih zbivanja u ovoj povesti istovetni.) Pjetro sada leži u svom krevetu, ali još ne spava. Budan je jer ga progoni jedna grozničava misao... On je biće koje se bori: pokušava da sebi objasni ono što ga tako neočekivano i tako duboko uznemiruje.

Odjednom gotovo naglo ustaje kao da ga vuče neka tajanstvena sila koja se te noći u njemu začedila. Ustaje, bolje rečeno, ponovo ustaje. I sav uzdrhtao opet prilazi krevetu u kojem spava gost.

Već smo rekli: Pjetro ima sva psihološka obeležja jednog pripadnika građanske klase i čak njegovu lepotu. Bled je kao kreč, pa izgleda da je zdrav samo zahvaljujući svom higijenskom životu. Jer, on se bavi gimnastikom i sportom. No, u njegovom bledilu ima nečeg naslednog — bolje rečeno bezličnog. Nešto drugo — čovečanstvo, svet, njegova društvena klasa — u njemu je bledo.

Pogled mu je veoma inteligentan. No, izgleda da je ta njegova inteligencija načeta nekakvom intelektualnom bolešću, koje on očigledno nije svestan jer mu sigurnost u poimanju i u delovanju obezbeđuje njegovo poreklo.

Zato ga jedna prepreka u početku kobno sprečava da shvati a prvenstveno da prihvati to što mu se upravo događa. Da bi mogao realno i realistički koristiti svoju inteligenciju, trebalo bi da se preporodi, da se njegovo biće iz osnova promeni. Društvena klasa kojoj pripada živi svojim pravim životom upravo u njemu, on je njeno

oličenje. Ne, dakle, shvatajući ili prihvatajući, već samo delujući, on će moći da se uključi u stvarnost koju su njegova građanska klasa i njen način rasuđivanja pred njim sakrili. Samo delujući kao u snu, bolje rečeno delujući pre odlučivanja.
Sada je tu, sav se trese pred krevetom gosta. I upravo kao da sledi nagon koji je od njega jači (a koji ipak izvire iz njega — isti onaj nagon koji je sledio kad je ustao iz kreveta) — on učini nešto što samo pre nekoliko trenutaka ne bi mogao ni da sanja da može, boje rečeno, da hoće učiniti.

Polako, sasvim polako povlači laki pokrivač prebačen preko nagog tela gosta tako da on poče da klizi niz mladićeve udove. Ruka mu drhti i iz grla mu se gotovo izvi jecaj.

No od tog pokreta koji je gosta otkrio sve do trbuha, mladić se odjednom trgne iz sna. Gleda dečaka koji se nad njim nadneo i koji ga otkriva bez ikakvog stvarnog povoda pa mu se odmah oči ozare onom već poznatom svetlošću... onom očinskom svetlošću punom majčinske prisnosti... koja je istovremeno prožeta nekakvom uviđavnošću i blagom ironijom.

Pjetro diže pogled sa trbuha već otkrivenog do prvih tragova maljavosti i srete se sa pogledom gosta. Nije ga blagovremeno shvatio, stid i smrtni strah ga zaslepljuju. Plačući i krijući lice, baca se na svoj krevet i zagnjuri glavu u jastuk.

Tada gost ustaje i seda na njegov krevet. Sedi tako neko vreme nepomično i gleda taj potljak koji se trese od ridanja, zatim ga — drugarski kao vršnjak, kao njegove gore list — pomiluje.

12

ZAR JE TO SAMO PRELJUBA?

Gost je tamo dole, daleko, sam, među močvarnim biljem, pred čestarima u kojima je drveće tek propupilo. No već je toplo kako to biva u kasno proleće i budi se sećanje na duboke tišine i žarke i prijatne sate u letnja popodneva. Čovek se takođe priseća drevnih popodneva prohujalih vekova (jedva čujno ali jasno oglašavaju se podnevna zvona). Doduše, grane još suve ili tek prošarane zelenilom prvih listića, na bakarnoj, krvavo-crvenoj i zagasitožutoj boji izgledaju posute puhorom, ali ipak se oseća da su one priroda ne pretpostavljena već predstavljena, iza kamenog dekora sazdanog od romanskih krstionica, masivnih i snažnih predstava svakodnevice proživljene na obalama tankovratih pritoka Poa i upravo ogrejane sličnim suncem i okružene sličnim nežnim šumarcima punim mlečnobeličaste mezgre.

Mladi gost je polunag. Igrajući se sa svojim prijateljem psom, trči obalom nekakvog tamnozelenog jezerca. Jedna „lanča" juri šetalištem Tičino. Razdragan je, puca od čvrstine, sam iz sebe da iskoči. Veseo je kao dete dok juri ovamo-onamo ili glavačke skače u vodu sa motkom u ruci što raspamećuje od zadovoljstva njegovog prijatelja psa.

Gosta koji se igra tako daleko na jednoj urvini naspram šume, gleda Lučija. Ona sedi na nekakvom nasipu a iza leđa joj se prostire osunčana livada na čijem kraju se, na vitkim kocima diže drveni bungalov. Odatle — sklonjena od svakog nepoželjnog pogleda bujnim korovom tog predela — Lučija dugo, bezizraznim pogledom prati mladića koji se igra. Pogled joj je bezizrazan kao u svakog ljudskog bića koje u sebi veoma uporno pravi neke teške proračune čije rešenje, sudeći po izvesnom blesku u očima, nije nemoguće. Ishod tih proračuna zasada je to što ona prolazi livadom i polako se vraća u bungalov. Tamo, u polumraku, pažljivo se osvrće okolo. U bungalovu se nalazi mala ložnica odeljena debelom zavesom. Bogata milanska porodica htela je da ima tu, na tom mestu, jedan prazan dom, otmeni prostor u kojem se, skoro neudobno i privremeno, može utaboriti. Zavesa je razmaknuta pa se u jednom uglu nazire mali krevet prekriven tamnim ponjavama. Na tim ponjavama, u prisenku, jer svetlost se udeva samo kroz uske kapke, leži mladićeva odeća, gotovo sva svetlih boja.

Lučija stoji tu i dugo posmatra tu odeću a u očima joj se zrcali ona misao koja je munjevitom brzinom svu prožima, ona ista misao koja joj se nametala maločas dok je gledala mladića kad se igrao u čestaru.

Zatim sasvim polako, spokojno — sa onim ozarenjem u očima koje i nije ništa drugo do konačni i pozitivni ishod jednog staloženog proračuna — prilazi odeći koja se gotovo zaslepljujuće upadljivo belasa nemarno razbacana po postelji. Ona čučnu, zatim kleče pred tom odećom.

Tu su mladićeva majica ili košulja, kao i donja majica bez rukava. Tu su mu cipele, sat, gaćice, pantalone.

Lučija ih posmatra.

Odeća leži tu, bezazlena i čista pod njenim pogledom, kao da je zanemarena i napuštena.

Ništa lakše nego posmatrati je jer ona ni na koji način ne daje otpor. Naprotiv, nudi se i podaje pogledu gotovo suviše krotka, suviše nezaštićena i bespomoćna.

Gaćice su smotane kao kakva pačavra, pantalone raširenih nogavica leže na gruboj prostirci, kao da su na nekom čoveku koji je zaspao raskrečenih nogu. Majica bez rukava je gotovo neprirodno, kao sneg bela, preterano čista. Ta odeća gotovo podseća na dragocene ostatke nekog bića koje je otišlo zauvek, bez povratka.

Možda se upravo od te pomisli — gost je otišao zauvek i odeća koja ga je nadživela ostala je tu da svedoči o

njegovom nekadašnjem prisustvu na ovom mestu — Lučiji steže srce i ne može a da to srce ne pritiska i umiruje kao ni da zadrži grimasu bola od koje joj se grče usta (to je neka vrsta nostalgije: nostalgije za nečim što je izgubljeno pre no što je i posedovano).
A možda to uporno posmatranje tih nevažnih odevnih predmeta predstavlja neku vrstu otkrovenja... Možda posle tog otkrovenja odjednom shvati ko je u suštini — sada kada je odsutan — taj čovek koji te stvari upotrebljava, koji ih je grejao prirodnom toplotom svog tela i koji ih je, po svemu sudeći, nenamerno ostavio tu da o tome svedoče.
Postepeno, sasvim polako iz Lučijinog pogleda iščezava ona ravnodušnost objektivnog posmatrača i oči joj se ispunjavaju nežnošću. Ta odeća, ako ćemo pravo, pripada jednom momku koji bi joj mogao biti sin. Nežnost koju ona prema toj odeći počinje da oseća, u stvari je neka vrsta materinskog fetišizma.
Uzima je u ruku, posmatra a možda i miluje. Rukom potpuno prirodno, nimalo se ne ustežući prelazi i to po onim delovima odeće koje ni za živu glavu ne bi dodirnula da se nalaze na mladiću. Ponavlja to nekoliko puta, ne gubeći dostojanstvo, kao majka koja bi da izvida rane svoga sina. No ti pokreti koje uporno ponavlja, postepeno je izluđuju, udaraju joj u glavu. Sada i nju kao i Pjetra počinje da opseda jedan san koji se u njoj rađa iako ga nije ni shvatila ni prihvatila. *Da bi taj san ostvarila, treba, dakle, da i ona deluje pre odlučivanja.* . . Lučija izlazi na prag bungalova. Opet posmatra mladića koji tamo dole juri među bilinom i rastinjem potpuno izbledelim na zaslepljujućoj svetlosti sunca.
U tišini podneva jasno odjekuje razdragani lavež Barbina, njegovog psa.
Žena posmatra mladića u daljini i pogled joj se sve više muti. U njoj sada već nema ničeg proračunatog, smišljenog, sve se pretvorilo gotovo u molitvu. Kao automat, okreće se oko sebe, penje se uz spoljnje stepenice i izlazi na terasicu koja nadvisuje bungalov. Tu legne — na tamni drveni pod — kako je to nesumnjivo običavala da

svakodnevno radi, ali ne drži je mesto, ne može da se tamo svrti, da tako leži prikleštena između golog poda i nemogućeg neba. Zato ustaje, klekne, naginje se preko ograde i opet posmatra mladića tamo dole među rastinjem.

On još uvek tamo, nedosegljiv, igra se, pliva, trči među drvećem i žbunjem.

Tada Lučija polako svuče kostim i na terasi, iza malog zaklona, ostaje naga. Ležati tu naga, uživati u sunčanju, verovatno je za nju bila svakodnevna navika. I tako, gola, nastavi da posmatra mladića koji to nije primetio ošamućen trčanjem u zaslepljujućoj svetlosti.

Najzad, u jednom trenutku ipak posustaje i zasiti se igara i kupanja pa kreće prema bungalovu, nogu pred nogu, prosipajući sitne korake, neprestano začikavajući svog prijatelja psa. Očigledno namerava da se vrati i da opet s njom malo posedi — da ćaskaju ili zajedno čitaju svako svoju knjigu.

Naglo, gotovo grubo Lučija tada zgrabi kostim kao da bi da ga navuče. No potom onaj jedva primetaąn blesak jednog tek smišljenog proračuna ponovo joj ozari pogled prikovan za crvene pločice kojima je obloženo tlo terase. Već je odlučila da ostane naga i da mu se pokaže naga i to isto onako gotovo histerično naivno i krotko kao nesvesna životinja, sa onim istim osećanjem koje je bilo ili će biti glavno obeležje Emilijine ili Pjetrove odluke do kojih je došlo pre ili posle nekoliko dana.

Naravno, za razliku ode Emilije, Lučija se bori protiv te odluke. Ustručavanje i stid — koje je u nju usadila njena društvena klasa — u njoj, prirodno, odnose prevlast. Znači, ona mora da se bori protiv tog ustručavanja i tog stida. I još jednom, da bi savladala prepreke koje joj je nametnulo njeno vaspitanje i svet u kojem živi, mora da deluje pre no što shvati.

I tako, odjednom, steže kostim u šaci, ustaje i zavitla ga daleko preko ograde terase, na drugu obalu jezerca, čak u šumarak. Zatim ga posmatra kako leži tamo dole u travi i među kupinama, tako nepovratno odbačen. U tom odbačenom kostimu koji leži tamo dole ima nekog dubo-

kog značenja: onako izgubljen i beživotan dobija izražajnu snagu nekog predmeta iz snova.
Sada je Lučija naga: *prinuđena je da bude naga.* Nema više kud. Ne može ni da se kaje ni da se predomisli. Okreće se: mladić sada već gazi po zemlji prošaranoj busenima trave, ispod samog bungalova. Ona ga vidi. Vidi kako ulazi u bungalov, a onda kako izlazi, osvrće se, zove je.
Kao mučenica, tek malo se nagnuvši preko ograde, Lučija mu se odaziva: — Ovde sam! — On se okreće, nasmeši joj se, sasvim dobromisleno i prirodno što je svojstveno njegovoj mladosti i hitro se penje uz stepenice koje vode na terasu. I tako se pojavi prema širu nebeskom sa onim njegovim očima čiji pogled se odmah na njoj zaustavlja.
Lučija jedan trenutak izdrža pogled mladića čiju je pažnju hotimično izazvala, izdrža taj pogled koji je želela ali samo za trenutak.
Mehanizam koji je sama pokrenula daje joj pravo da se pred njim postidi. Ona otrča do ograde i tu se šćućuri, sakrivši krilo kolenima a grudi rukama.
Uživanje u podsticaju koji je dala mladiću da je skrnavi tim pogledom, zadovoljstvo što se dobrovoljno srozala i ponizila, u njoj je prožeto stidom koji može da bude slučajan i opravdan, stidom da je zatečena dok se bez zadnjih misli jednostavno sunčala na terasi. Ona igra tu ulogu brižljivo i usrdno kao devojčica, ali igra je svesno loše. U stvari dobro joj je poznato da ako pokaže da je mnogo, iskreno postiđena jer je ni kriva ni dužna iznebuha zatečena, gost bi mogao da od njenog tela odvrati taj njegov pogled koji je tako božanstveno ponižava i možda da ode uz izvinjenje. Iskrenom stidu koji zaista oseća — i koji je guši — i onom lažnom koji glumi treba zatim da doda kako god zna koketeriju koja se uskoro pretvara u gotovo do suza dirljivu nespretnost i gluvu, mračnu bestidnost jednog izazova i pozivanja na igru, izraženog kroz osmeh tobože demonski a naprotiv smešan, kroz izgubljen pogled koji uskoro prestaje da biva lažan, namešten da bi se očajan zadržao na mladiću.

A on... njegov pogled je prirodan, uviđavan, možda tek ovlaš zasenjen tananim velom ironije. U njemu se ujedno krije i velika, blaga, zaštitnička snaga roditelja. Mladić prilazi Lučiji koja je još uvek šćućurena uz ogradu i tu se krije pognute glave. Saginje se i miluje je po kosi. Osetivši to milovanje, Lučija se usuđuje da prema njemu digne pogled. U tom trenutku, dostojne sažaljenja, njene oči prosjače milost.

13

OVDE POČINJE NOVO POSVEĆENJE U TAJNU JEDNOG DEČAKA IZ GRAĐANSKE KLASE

U Pjetrovoj sobi, sedeći pored svog mladog domaćina, gost lista debelu knjigu sa slikama u tri boje, blistavim na popodnevnoj svetlosti koja prosto pljušti po lakiranim stranicama. Pjetro gleda te reprodukcije u boji jednog njemu nepoznatog slikarskog pravca na koji se sve dosad, možda pod uticajem svog nastavnika istorije umetnosti u gimnaziji Parini, nije osvrtao ili ga nije prihvatao. (I zaista, sada te slike gleda s takvom pažnjom kakva se, posle početne nepoverljivosti poklanja nečem što se gotovo sa zahvalnošću otkriva.)

Na slici koju dvojica mladih imaju pred očima, boje su veoma žive, čiste. Kad čovek to delo pažljivije pogleda, ono mu se predstavi kao mreža kontura između kojih se nalaze slobodne površine, trouglovi i okruglasti pravougaonici (to jest, pravougaonici koji su tobože razvučeni po krivoj površini). Upravo po tim slobodnim površinama razlivene su te čiste boje: pruskoplavo i crvena, boje čiste ali sasvim neupadljive, gotovo prigušene kao da su prevučene patinom starine. Crtaća hartija po kojoj su ti akvareli ili te tempere naslikani — s bogatstvom i dubinom kojima se ipak odlikuje konstrukcija uljanih slika — u stvari je požutela, tako da izgleda kao da zadiše na starež, na ustajalost, na biblioteku. Iako je tako nemoguće zamišljena, oslobođena kanona, upadljiva, slika je veoma stroga i njene čiste boje ne pripadaju fovističkoj paleti. Kakva je to slika? Neosporno je ostvarena negde između 1910. i 1920. Ne pripada civilizaciji kubizma, civilizaciji sjaja i raskoši. Ona je škrta u izrazu, krajnje škrta. Možda pripada futurizmu ali nikako onom dinamičnom i čulnom, italijanskom futurizmu. Nešto u njoj naivno i narodsko, bolje rečeno detinjasto, pomalo podseća na ruski futurizam, na nekog manje poznatog slikara prijatelja Ejzenštajna, Šklovskog ili Jakobsona koji je obavljao svoju delatnost na prostorima između Moskve i Petrograda ili možda u Pragu kao kubista. Ali ne, evo potpisa, Luis, jedan prijatelj Paunda, jedan Amerikanac iz vremena imažinizma. Grafika sa obojenim površinama konstruisana kao savršena mašina, konstruisana toliko strogo da je slikarstvo svela na goli kostur.

Gotovo istovremeno, Pjetro i mladi gost dižu pogled sa reprodukcije i posmatraju jedan drugog: pod uticajem onog njihovog tajanstvenog odnosa koji se noćas zasnovao...

No, njihovu samoću remete neki glasovi koji zovu spolja: glasovi dečaka sveži i mladalački, pomalo vulgarni.

Pjetro i gost se razdvajaju i tako odalečuju od toplote njihovih tela koju su osećali dok su sedeli jedan pored drugog sa ogromnom knjigom na kolenima, i izlaze u park. Naginju se preko ograde koja gleda na ulicu i ugledaju grupu Pjetrovih prijatelja i školskih drugova.

— Evo dolazimo! — viču i gotovo trče k njima do gvozdenih vrata.

14

PREVASPITANJE U DUHU NEREDA I NEPOSLUŠNOSTI

Dva mladića, Pjetro i gost sa drugim dečacima, Pjetrovim školskim drugovima (koji su slika i prilika života u gimnaziji Parini) igraju fudbal na jednom igralištu. Vazduh je čist kao kristal i prozračan kako to biva u Lombardiji (i upravo se sada njime razleže zvuk starih zvona iz sela na severu). Reklo bi se da je život oslobođen svih smetnji, svih prepreka, briga, zloćâ. Kroz tu smirenu vedrinu, on protiče kao ulje. To je život mladog Pjetra.

U nekom nesvesnom poletu i oduševljenju, on i njegovi drugari igraju prijateljsku utakmicu samo na jednom golu. Uživaju u igri zbog igre. I oni koji nisu nikakvi igrači nalaze zadovoljstvo u nekim lakšim bravurama u kojima im prolazi to jutro njihove mladosti.

Kako to ponekad biva, iako je iz tako bogate porodice, Pjetro nije imao novaca da se bolje opremi za igranje fudbala. Na sebi ima gaćice i majicu koje se mogu kupiti u robnim kućama, a fudbalske cipele, kopačke, žulje ga (to mu se, izgleda, redovno događa) i iz đona mu je izvirio ekser. I tako najzad hramajući i pomalo neraspoložen otrča na ivicu poljančeta da skine kopačku i da je pregleda. No pošto se nađe tu, na toj čistoj travi, okruženoj igralištem, besprekorno čistim zidovima i, još dalje, sivim amfiteatrom predgrađa, dušu mu ispuni nekakvo blaženstvo. Na tom mestu i pogled i život su slobodni, ne nailaze ni na kakvu prepreku. Pjetro se pruži nauznak i uskoro se taj trenutak spokojstva pretvori u samotnost i otuđenje.

Gost se takođe odvaja od grupe igrača — od onih već starmalih lica — prilazi Pjetru i seda pored njega. I tako uživajući da sto puta ponove isto, ponosni na to što su se pobunili protiv svake tradicije, ispunjeni nekom čistom i dubokom strašću — *što se dešava samo jednom u životu* — dva prijatelja opet nastave razgovor i izgovore sve što imaju o književnosti i slikarstvu.

15

PRVI KOJI SE VOLE...

Prvi koji se vole
pesnici su i slikari prethodne generacije,
ili sa početka veka; zauzimaju
u našoj duši mesto otaca ostajući
ipak mladi kao na njihovim požutelim fotografijama.
Pesnici i slikari za koje biti građanima nije predstavljalo
                                              sramotu,
sinovi u odeći od peruanske lame i sa filcanim
                                              šeširima...
ili sa bednim kravatama koje su mirisale na pobunu i
                                              majku.
Pesnici i slikari koji bi postali čuveni
polovinom veka
pored nekog neznanog, veoma uvaženog prijatelja,
ali možda od straha nesposobnog za pisanje poezije,
(pravog pesnika umrlog pre vremena).
Pločnici Beča i Vijaređa! Obale reke
u Firenci ili u Parizu!
Kojima odzvanjaju ti koraci sinova
u teškim cipelama.
Zapah vetra neposlušnosti miriše na ciklame
nad gradovima pod nogama mladih pesnika!
Mladih pesnika koji ćaskaju
posle ispijanja krigli jeftinog piva
u stilu građana, nezavisnih,
— lokomotive napuštene ali užarene
prinuđene da neko vreme, na slepom koloseku
uživaju u miru lišene mladalačke žurbe,
pesnika uverenih da mogu izmeniti truli svet

sa četiri ostrašćene reči i jednom povorkom buntovnika.
Majke kao majke ptica
u malim građanskim kućama
prepliću jasmin vazduha
sa značenjem intimne svetlosti jedne porodice
i njenim mestom u jednom narodu punom svetkovina.
I tako, u noćima odjekuju samo koraci dečaka.
Melanholija ima beskonačne jazbine
beskonačne kao zvezde
u Milanu ili u nekom drugom gradu
iz kojih kulja njen zadah sličan jari iz upaljene peći.
Pločnici vode duž kuća iz osamnaestog veka,
kuća oljuštenih zidova sa nepovredivim sudbinama
(putevi u selu koje se pretvorilo u industrijski grad)
sa dalekim romanskim zadahom mraznih konjušnica.
Upravo tako pesnici-dečaci stiču životno iskustvo.
I imaju jedan drugom da kažu ono što drugi međusobno
                                                    govore
dečaci koji nisu pesnici (i oni gospodari života i
                                            nevinosti)
sa majkama koje pevaju
na prozorčićima u unutrašnjim dvorištima
(bunari smrdljivi pod neviđenim zvezdama)
Kuda su se izgubili ti koraci?
Nije dovoljna jedna stroga stranica sećanja
ne, nije dovoljna — možda jedino pesnik koji nije pesnik
ili slikar koji nije slikar,
koji je umro pre ili posle rata, u nekom
gradu legendarnih seoba
u sebi, te noći nosi iskreno.
O, ti koraci — sinova
iz najuglednijih porodica u gradu (onih porodica
koje slede trag sudbine nacije
kako krdo životinja sledi trag mirisa
— aloja, cimeta, cvekle, ciklame —
prilikom svoje seobe) ti koraci pesnika
sa prijateljima slikarima koji obijaju pločnike,
i pričaju, pričaju...
No ako je to šema, drugo je istina.

Izrodi, sinko, te sinove.
Ipak ćeš čeznuti za njima kad ti bude šesnaest godina.
No odmah počni da shvataš
da niko pre tebe nije digao revoluciju,
da su ti pesnici i slikari stari ili mrtvi,
uprkos herojskom oreolu kojim si ih ovenčao,
nepotrebni, ničem te ne uče.
Uživaj u svojim prvim naivnim i tvrdoglavim iskustvima,
stidljivi dinamitašu, gospodaru noći slobodnih,
ali seti se da si ti tu samo da bi te mrzeli,
da bi izvršio prevrat, da bi ubio.

16

RED JE NA OCA

U ispreturanom krevetu otac oseća nesnosne bolove. U početku je tog bola još nesvestan: ne budi se, misli da je to samo móra koje se ječeći u snu želi osloboditi. Tek posle nekog vremena se rasani i postepeno uvidi da to što ga tišti nije mora, već stvarni fizički bol.

Tada odluči da nekako ustane i polako, sasvim polako da ne bi probudio Lučiju, iziđe iz sobe.

Iz sobe, gotovo pipajući, pođe još mračnim hodnikom i stiže u kupatilo.

Tu je kapak ostao otvoren i kroz jednu rupu na zavesici udeva se svetlost predjutarja, zaslepljujuća i već postojana kao da je podne. Svetlost smerna i uzvišena. No to sunce tako čudesno — koje se *slučajno* razliva po bezbojnom i ispraznom prostoru kuće isto onako bezazleno kako sija na širu nebeskom ili među svim stvarima u prirodi — u prvi mah za oca uopšte ne predstavlja neku realnost. On je njime tek neprijatno zaslepljen, oseća ga samo kao nešto od čega mu se stanje pogoršava tako da ga hvata vrtoglavica.

Zato ustuknu pokrivši oči rukom, pokušavajući da se oslobodi tog zla dok iznad njega koji više nema snage ni da drži uspravno glavu, sunce i dalje peče — kroz prozorčić kupatila — iz uske, čiste, ozarene kriške parka koji se nazire kroz rupu na zavesi.

Tek kad se otac malo povrati, počinje da biva svestan kakvo čudo je ta svetlost.

I rukom kojom kao da voljno ne vlada, nesigurno hvata podboj na prozoru, traži po oknima, povlači deo zavese koji je još navučen preko tog nečeg utešnog i zapanjujućeg, preko svetlosti neviđene u to doba dana.

I tako se ukazuje gotovo ceo park iza kuće sa širokom, zelenom ponjavom trave i skupinama lovora i breza koje se naziru negde na kraju. Tihi zakutak sveta kojem je ušlo u trag to sunce, videlo nebesko milosno, silovito, zakutak koji niko video nije niti u njemu uživao.

Tada se otac (nikad u životu tako nešto nije učinio), povlači sa prozora, izlazi iz kupatila, vraća se u beznadežni polumrak kuće, prolazi kroz nju pipajući, jednako ophrvan bolom, otvara velika zastakljena vrata koja vode u park i ulazi u njega.

Dok gazi travu poprskanu rosom i traži nešto međ bilinom, na njegovom licu koje sunce zasipa zrakama — na licu ošinutom rumenilom koje je čista svetlost — titra blag osmeh, zanesen i gotovo teatralan — tolika je snaga čarolije. Korača nesigurno kao da je stranac na dotad neviđenom mestu.

I zaista sada prvi put primećuje to drveće, okupano svetlošću koja dotad nije zabeležena u njegovom iskustvu. Kroz to drveće kao da je prostrujao život, kao da su ta stabla svesna bića: svesna i, bar u tom spokojstvu, u toj tišini, njemu bratski bliska. Spokojno i ravnodušno primaju svetlost koja ih ozaruje kao neko čudo prirode — lovoru, maslini, malom hrastu i tamo dalje brezama, kao da je bio dovoljan samo jedan pogled da se oduže za tu pažnju beskrajnom ljubavlju koja je postojala nekad u veoma davnoj prošlosti. To kažu doslovno, to kažu svojim smernim prisustvom koje zlati i oživljava svetlost glaseći se bez reči, glaseći se samo svojim prisustvom. *Prisustvom koje nema značenje a koje je ipak otkrovenje.* Očigledno otkrivanje čuda nije u srazmeri sa svim ostalim što se u životu čini. Pa ipak, možda zato što su za njega tako izuzetni ovi kratki trenuci koje je proveo tumarajući svojim parkom u ovo nedoba — otac nije kadar da dalje vlada situacijom i ostane na visini događaja, to jest da se još dugo nosi sa tom omamljujućom ljubavlju sunca. Hladno mu je i počinje da drhti u tankoj pidžami, noge su mu mokre od rose, bol u utrobi opet se javlja.

I tako — još uvek sa onim zanesenim i tesnim osmehom na usnama — vraća se u kuću.

17

SVE JE TAKO ČAROBNO KAO NEVIĐENA JUTARNJA SVETLOST

Prepustivši park njegovoj svetlosti — ponovo pipajući, otac ide u suprotnom pravcu, vraća se u unutrašnjost kuće dok ne zađe u hodnik turobno osvetljen električnom sijalicom. No kao da se nečeg odjednom seti, stane pred vratima sinovljeve sobe.

I opet ga nešto automatski tera, goni ga neko nadahnuće, neka radoznalost koju nikad nije osetio i o kojoj ne ume ništa ni da se upita: polako, sasvim polako, oprezno kao lopov, otvara vrata.

U sobi ona svetlost koja, dakle, još nije ispunila zadatak „od ovog sveta", udevajući se kroz pukotine na velikoj žaluzini, ocrtava obrise gosta i sina koji spavaju u istom krevetu.

U snu su im tela ispreturana ali taj nered prožet je dubokim mirom. Tela poluotkrivena, isprepletena su ali san ih razdvaja, udovi su im topli od silovite i nesvesne životnosti a ipak izgleda kao da su beživotni.

Otac dugo stoji i gleda, raznežen, taj prizor u čije značenje ne ume da pronikne — a koji je, na neki način, i za njega otkrovenje.

Najzad se od tog prizora odvaja, sasvim polako zatvara vrata kao lopov i vraća se u svoju sobu.

Lučija spava onim svojim lakim snom. Njegov krevet je odvratno ispreturan. On se u njega uvlači ali ga ne hvata san. Usled nečeg neznanog, ali nepodnošljivo svesnog, ne može da svede oči i razmišlja, možda, o jednom životu u čiji smisao pošto je sada taj smisao izvrnut, nikako ne može da pronikne. Šta da radi?

Odjednom ga obuze neko ludačko nestrpljenje, prodrma Lučiju i probudi je.
Koliko je mogla da shvati — kad je savladala strah od tog nemoguće smešnog postupka — muž je od nje tražio da vode ljubav i to smesta: čak je to zahtevao. Lučija se još nije ni osvestila šta mu to bi — a on je već ležao na njoj, raspomamljen, kao slepac koji traži pipajući. Više nije bilo važno šta ona o tome može da misli. (Prestravljena, već je uronila i udubila se u jedno pitanje koje se sada tiče celog njenog budućeg života — nečeg što u trenutku u kojem se dešava izgleda nepopravljivo — jedne nove svetlosti koja ozaruje prošlost bez trunke razbora i sažaljenja.)

Pritiskajući joj telom trbuh, ljubeći je sa smešnom strastvenošću u usta i u vrat, Paolo pokuša naslepo, ne vodeći o njoj računa kao toliko puta ranije, da se spremi da vodi ljubav. No najzad mora da se toga okani pošto je izgubio snagu, sveg uzdrhtalog iscrpao ga je ljuti jutrošnji bol. On još malo leži na Lučiji kao mrtvo telo, kao leš — zatim se od nje odvaja, ne gledajući je, pa se postiđen i još uzbuđen vraća u svoj krevet.

Ostaje tako ležeći izmrcvaren bolnim probadima koje pokušava da sakrije, bled, na ivici snage, onemoćao, iscrpljen, gledajući u prazninu sada već obilno prekriljenu svetlošću, koja više nije bila ona čudotvorna svetlost u trenutku kad se objavljivala zora, već odvratna svetlost jednog običnog dana koji se ni po čemu ne razlikuje od drugih dana.

18

LJUPKOST I SMEŠNA NESPRETNOST „OBESPRAVLJENIH NA OVOM SVETU"

Jutro je poodmaklo, sunce je već dobilo snagu. Drveće više nije obavijeno tajanstvom, iščezlo je ono njegovo osećanje bratske privrženosti (opet se zatvorilo u priprosto, divlje i bezizrazno ćutanje pritisnuto nečim što ga prevazilazi i čemu se smerno priklanja).

Pod tim suncem, koje je već visoko odskočilo (visoko za gazdu koji dugo spava a, u stvari, tek je devet ujutru), stiže pismonoša Anđelo. Nailazi kao da se ništa ne dešava, ispunjen nekom velošću svojstvenoj nekim drugim svetovima, nekom drugom soju naroda.

Pojavljuje se Emilija i otvara mu vrata — pismonoša joj predaje prvu poštu — ona je uzima. Zatim, po običaju, među njima počinje mali dijalog bez reči. Anđolino se šali i krevelji i time zasmejava prvenstveno sebe. Šta da se radi, on koga nema za šta pas da uhvati, kao uvek, tera šegu s jednom služavkom, sirotom devojkom sa sela...

No, ovog puta, gle čuda! Emilija otvara usta, progovara ljudskim glasom, zapodeva razgovor... Kao da je u pitanju neka državna tajna, kovrdžavi pismonoša tako saznaje da je iskrsao problem koji se samo njemu može poveriti.

Sav srećan što mu život pruža tu novu mogućnost, Anđolino polazi tada za Emilijom sa izrazom lica tako važnim kao da očekuje jedinstvenu životnu priliku. Emilija zalazi u unutrašnjost kuće (toliko prostranu da bi se, po Anđolinovim rečima po sobama mogla prirediti biciklistička trka). Najzad stižu do spremišta za cipele. Svetle cipele gosta (uostalom, gotovo potpuno čiste) upitno stoje pred njihovim pogledima. Tu vrstu cipela Emilija dotad nije videla, moderne su, poludoboke, od nekog materijala koji očigledno nije obična koža, ali ni antilop: kako da ih čisti? To je problem. Anđolinove oči se smeše. U stvari, on koji redovno prati modu zna da se takve cipele čiste naročitom četkom ali se u svakom slučaju mogu čistiti i bilo kojom drugom četkom pa čak i onom za kosu. Emilija je nepoverljiva, i tako njih dvoje ujedinjenim snagama, bar jednom združeni, počinju da se bave tim neobičnim cipelama.

Kada se očigledno sve završilo u najboljem redu i problem bio srećno rešen, Anđolino je kako došao, tako pošao. Zaboravivši na taj problem, on će se pojaviti na drugim mestima, među drugim ljudima, u drugim svetovima u koje je poslat.

Emilija nastavi da s ljubavlju čisti cipele i čim je to remek-delo završeno, polako, sasvim polako kao da nosi neki tajni poklon, kreće hodnikom (kojim je u svanuće prošao otac) stavi ih pred vrata sobe mladog gazde i gosta.

19

DORUČAK POD VEDRIM NEBOM

Cela porodica — kao u lepe letnje dane kad još nisu počeli godišnji odmori — doručkuje u parku. Emilija iznosi posluženje na sto. Svi ćute, jedino se čuje — što unosi neku vedrinu u celu okolinu — glas nekog glupog radio-aparata u daljini. Premda kriju svaki svoju posebnu tajnu, pogledi Lučije, Pjetra i Emilije prikovani za gosta, uznemireni su i čisti. Samo Odeta, zatvorena u sebe i nabusita kako je Bog dao, sa onim njenim bledilom malog kunića, izgleda kao da za njega ne mari. I to gotovo napadno pokazuje i ističe. No, to je, ipak, nekako zbunjuje. Samo je ona, dakle, zaokupljena nekim drugim mislima i ne gleda gosta. Jer i otac — posle noćašnjeg doživljaja — još bled i izmožden — u njega upire nekakav neobičan pogled koji mu uopšte nije svojstven.

20

MOŽE LI JEDAN OTAC BITI SMRTAN?

Otac, bolestan, leži u krevetu. Oko njega su se okupili supruga, deca i gost. Okupili su se tu da bi prisustvovali pregledu koji lekar u tišini obavlja pokretima sasvim određenim i utešnim (u očevom slučaju bolest se zove hipodermoklizis). Očeva bolest nije uopšte teška ali je on nekako odsutan kao da je već s one strane života, kao da je objavio nekakav tajanstveni štrajk. Podetinjio je od bolesti i od probada koji su povremeno nepodnošljivi da bi se potom malo stišali i uminuli. U svakom slučaju, u njegovim očima koje traže odražava se mračna, nepokolebljiva i gotovo nesvesna upornost, živa želja da se spase i preživi.

Lekar odlazi. Lučija i Pjetro ga ćuteći prate. I tako, u očevoj sobi ostaju Odeta i gost. Odeta se, u stvari, ni za trenutak ne odvaja od očevog uzglavlja. Tu se ukotvila i ne namerava da ode. Oca neguje kao bolničarka, požrtvovana kao kakva mala opatica ozarena svetošću. Treba reći da se u svakoj prilici prema bolesniku ophodi na zaista najbolji način. Međutim, iako je uplašena, to je ne sprečava da sve postupke boji izvesnom dozom humora. Osim toga, njena uobičajena nesigurnost u njenim sadašnjim postupcima pretvara se u nežnost i hrabrost u nastojanju da sve čega se dohvati dobro izvede.

Pa ipak, grozničavi očevi pogledi veoma retko su njoj upućeni (na njoj se zadržavaju samo povremeno puni one nekadašnje nežnosti): upućeni su isključivo gostu. Otac traži samo gosta, čim njegova supruga i sin s lekarom napuste sobu. Odeta je toga svesna, jer od prvog dana kad se razboleo, otac je osećao neodoljivu i gotovo detinjastu potrebu da uz njega uvek bude taj mladić.

Sada, dok ga gleda molećivo kao onaj koji od svog bližnjeg traži žrtvu — zbog jedne sebične želje i sam žrtva — lice mu je ozareno, na usnama mu treperi blagi osmeh. Po izrazu njegovih bolesnih očiju vidi se da je najzad dokučio šta to može doneti olakšanje njemu a prvenstveno onome ko je pored njega, šta to može rešiti jednu nelagodnu i, najzad, čak pomalo smešnu situaciju.

On ispruži krupnu ruku otežalu od bola preko pokrivača, dođe do knjige, uhvati je, prinese je očima i nesigurnim glasom bolesnika iznurenog od gubitka krvi, pošto je neko vreme teškom mukom tražio stranicu, poče da čita.

„...No, i u tom neprijatnom poslu, Ivan Iljič nađe utehu. Da odnese posudu, dolazio je uvek seljak, podrumar Gerasim. Gerasim je bio mlado seljače, čisto, sveže..."

To su reči iz jedne Tolstojeve zbirke pripovedaka, otvorene na jednoj stranici na kojoj počinje priča „Smrt Ivana Iljiča".

Otac s naporom pruži tu knjigu gostu da on nastavi da čita. Neusiljen, gost prihvati knjigu i odmah prionu na čitanje:

„... uvek veselo i vedro. U početku, pogled tog momka, uvek u čistoj ruskoj narodnoj nošnji, koji je obavljao tu odvratnu dužnost, Ivana Iljiča je ispunjavao nelagodnošću.

Jednom, kad je ustao sa stolice s noćnom posudom i nije mogao da podigne pantalone, klonuo je u meku naslonjaču i užasnut počeo da posmatra gole butine s mišićima oštro ocrtanim u kojima i više nije bilo snage.

Lakim i čvrstim korakom uđe Gerasim u teškim čizmama dok se oko njega širi prijatan miris svežeg, zimskog vazduha... i ne gledajući Ivana Iljiča — očigledno da ne bi uvredio bolesnika, gušeći u sebi životnu radost koja mu je zračila sa lica — krenu prema stolici s noćnom posudom.

... — Gerasime — reče slabim glasom Ivan Iljič — molim te, pomozi mi, dođi ovamo. — Gerasim priđe.

— Samome mi je teško a Dimitrija sam otpustio.

Gerasim priđe. Rukama teškim onoliko koliko mu je korak bio lak vešto obgrli Ivana Iljiča, nežno ga podiže na noge i pridrža ga. Drugom rukom mu diže pantalone i htede da ga posadi u naslonjaču. No, Ivan Iljič ga zamoli da ga odvede do divana. Gerasim ga, ne naprežući se, kao da ga i ne steže, odvede, gotovo noseći ga ka divanu i na njega ga posadi.

— Hvala. Sve radiš... tako spretno i dobro!

Gerasim se opet nasmeši i htede da iziđe. No, Ivan Iljič se pored njega tako dobro osećao da nije želeo da ga otpusti.

— Molim te, primakni mi tu stoličicu. Podmetni mi je pod noge. Bolje se osećam kad podignem noge na nešto visoko. Ti mi podigni noge i tako ih drži, možeš li?

— Kako da ne? Mogu! — Gerasim mu diže noge i poče s njim da razgovara. I — za divno čudo, dok mu je Gerasim tako držao noge, osetio je da mu je laknulo.

Otada je Ivan Iljič povremeno zvao Gerasima, stavljao mu noge na ramena i voleo je da s njim porazgovara. Gerasim je sve činio neusiljeno, dragovoljno, tako jednostavno i dobrodušno da bi to Ivana Iljiča uvek tronulo. Zdravlje, snaga, krepkost svih drugih ljudi, vređali su ga. Samo Gerasimova snaga, krepkost, životnost, Ivana Iljiča nisu ispunjavale ogorčenjem već su na njega delovale umirujuće."

21

CEREMONIJAL JEDNOG BOLESNOG ČOVEKA (KOJI SE SROZAO DO DETETA) S JEDNIM ZDRAVIM MOMKOM (KOJI SE UZDIGAO DO MLADOG BIĆA IZ DAVNIH VREMENA)

Otac ječi u ispreturanoj postelji. To je jedan od onih trenutaka kad mu se čini da mu se utroba diže do grla i kad se previja od nesnošljivog bola. Taj bol ga je potpuno izbacio iz koloseka pa je sklon svim onim bednim i ponižavajućim radnjama koje, prekoračivši granice svakog obzira, stida i lepog vaspitanja, ne može da se uzdrži da prikrije ili da ih čini. Na njemu bespomoćno počiva Odetin herojski pogled. Zatim se vrata otvaraju i ulazi gost. Odetin pogled se okeće prema njemu — ali odmah zatim se vraća izmrcvarenom očevom telu.

Telo gosta zrači putenošću, puno je fizičke snage, pa prema tome — zato što je pravda svirepa — i moralne jačine. Tim svojim telom, netaknutim, merilom jednog drugog sveta — sveta spasonosne čistote i bezazlenosti — gost seda na ivicu kreveta spreman da obavi svoju dužnost, možda ispunjen sažaljenjem, ali nikako ponižavajućom samilošću.

Otac ga je već primetio kao u snu, oči su mu mutne, pogled potišten kao u bednika koga njegovi bližnji imaju u šaci. Već je proračunao šta će biti i čeka...

Mladić mu tada — po svemu sudeći već sviklim pokretima — pomaže da izvuče jednu po jednu nogu iz čaršava. To čini polako, između jednog i drugog napada bola koji izvire iz dubine očeve bolesne utrobe od čega mu se grče usta, muti pogled, izbijaju graške znoja na bledom čelu. Zatim polako, sasvim polako, jednu po jednu, uz mučnu saradnju bolesnika, njegove noge polaže na svoja ramena držeći ih rukama za članke.

Pred njim — pred mladim seljakom koji ga gleda s onim neprimetnim ironičnim bleskom u očima i s onom njemu svojstvenom smirenom materinskom brigom — otac, upravo kao Ivan Iljič, leži nauznak u krevetu, glave utonule u jastuke ali laknulo mu je — ili mu se bar tako čini. On gleda lice gosta — na kojem nema ni jedne jedine bore niti crvenila — između nogu mučno položenih na mladićeva ramena, gleda to zdravlje koje razgaljuje dušu, tu mladost čija budućnost mu se čini beskonačnom. Neprimetno se smeška sebi, svojoj boljki, svom otuđenju, svojoj potrebi za pomoći.

22

KROZ POGLEDE ZALJUBLJENOG OCA

Letnje sunce je, dakle, još tu, nadmoćno, u perivoju sada već na zalasku svoje slave, s prvim, tako poetičnim bojama rđe, rasutim kroz sivkaste prelive lombardijskog vazduha.

Između još tople senke i ne više tako žarkog sunca, otac leži u stolici za odmaranje i razdragan uživa u blagodeti ovog sveta.

Pored oca kome je pošlo nabolje, koji se najzad otrgao, sede gost i Odeta, i čitaju.

No, dok se gost zaista udubio u čitanje, Odeti je čitanje samo izgovor, čita napreskok i gotovo da joj je knjiga koju drži u rukama odvratna.

Nemirnim pogledom kruži po stvarima koje su za oca pune značenja, gotovo da će se od tog značenja sav rasprsnuti na jarkoj svetlosti — a za nju su tek dosadne i bolne senke. No, sve češće se njen pogled zadržava na odmornom i opuštenom očevom licu.

To lice se tokom bolovanja promenilo. Bolest je pred Odetinim očima načela jednu stvarnost koja je izgledala nepovrediva, neprikosnovena: *stvarnost oca kao moćnog i besmrtnog bića.*

Odjednom, Odetina odanost ocu prestaje da biva mit — kakva je bila tokom dugih godina detinjstva koje nikako da prođe — već suočivši se sa stvarnošću, postaje neizvesna i dramatična. Kucnuo je čas kad ljubav ili jača ili umire.

Možda se upravo zato Odetin pogled ne zadržava na njoj tuđim rečima u knjizi već ispituje lice tog novog oca koji pred njom leži.

I gle, eto otac otvara oči, naglo, pa kao uvek prvo mu je da se zagleda u gosta. Odeta još jednom to zapaža ali dok je dosad, s gosta njen pogled odmah prelazio na oca, sada se naprotiv prvi put zadržava na tom mladom čoveku za koga nikad nije marila. U stvari, sada ga prvi put vidi.

Otac je hteo da upita gosta šta to čita. Ne zato što bi ga to zanimalo već samo zato što mu je naklonjen, što mu je srce prepuno pa prosto želi da mu se obrati s nekoliko reči. Mladić diže pogled onih svojih ozbiljnih plavih očiju s knjižice Remboovih stihova koje upravo čita i nimalo iznenađen, njemu svojstvenim, malo prozuklim glasom poče da čita upravo one stihove na koje je slučajno naišao...

No eto, dok on čita, Odeti odjednom dođu lutke, potajno je spopadnu ćudi njenih ljupkih mladih godina — pa đipi na noge, na stolicu odloži knjigu i uđe u kuću. No, uskoro iziđe s fotografskim aparatom, aparatom koji je služio kultu porodice i oca, koji je služio kultu čuvanja uspomena (čije održavanje je često vekovima bilo poveravano devojkama koje još nisu poznale čoveka).

I tako poče, odsutna u mislima a uporna da slika, da pravi fotografije za uspomenu na dane kad se otac oporavljao. Prislanja oko na rupicu objektiva, klik, škljoca aparatom i eto, gotova je mala fotografija, budući retki primerak u albumu.

No, za razliku od onog što bi se desilo nedavno, Odeta sad ne bira isključivo oca kome je pošlo nabolje, za glavno lice tih fotografija. Iznenadno otkriće — iako kroz poglede oca — otkriće prisustva gosta nešto je što se ne može zanemariti, što joj se ne nameće samo kao nešto nedoživljeno već joj, po svemu sudeći, od toga slabi moć samosavlađivanja.

Kroz mali kvadrat objektiva krišom posmatra gosta. Vidi njegovo lice, ramena, široki grudni koš i usku karlicu mladog roditelja. Vidi da je rasejan i da se iza te rasejanosti krije strasna plahovitost koje on, izgleda, onako bezazlen nije ni svestan ili smatra da je to nešto sasvim prirodno.

Odeta odjednom prestaje da pravi slike i sasvim otvoreno počinje da posmatra gosta koji i sam diže prema njoj pogled.

No, Odeta to neće, to ne prihvata. Naglo, puna one njoj svojstvene uzdrhtale i nedokučive ljupkosti, kao kakav đavolčić, trči u kuću da tamo ostavi fotografski aparat.

Zatim opet izlazi, bezizrazna lica, stane pored gosta i uhvati ga za ruku. Tako ga prinudi da pođe s njom. On ustaje, odazivajući se tom sramežljivom zovu, tom naivnom ceremonijalu i kroz park odlazi s njom u njenu sobicu.

23

DEVOJČICA U GNEZDU MUŽANSTVA

To nije sobica koja joj u pravom smislu reči pripada, već koja joj je pripadala dok je bila devojčica. Sada je ne koristi, zavese su navučene preko prozora, bele su, tu je i pomalo kitnjast krevet i nekakva tamna škrinja ispod prozora.

Gost seda na krevet pomalo neudobno jer krevet je visok tako da mora da istegne i raskreči noge. Kada se Odeta — pošto mu je dobacila pogled koji ništa ne govori, osim što je možda u njemu bilo nekakvog nerazumnog podozrenja kao u divlje zveri — naginje nad škrinju — vadi iz nje svoje dragocene albume — i vraća se k njemu — smatra da je najbolje da mu sedne između nogu i da se leđima nasloni na krevet. Bolje rečeno, ona se tu šćućuri kao u gnezdu ali prilično udobno, jer su mladićeve noge utegnute u lake platnene pantalone, nalik na dva stuba između kojih se neobuzdana Odeta može smestiti prirodno i gotovo u nekom ekstravagantno-otmenom stilu. Doduše, čim bi se okrenula, mogla bi se naći uz njegovo bedro, uz njegovo krilo, neoskrnavljeno i krepko, između dva zaštitna stuba. No ona se ne okreće. Sa albuma fotografija diže gotovo molećiv pogled i zadržava ga na licu gosta koji joj se smeši dobromislen iako nadmoćan.

Odeta upravlja pogled svojih krupnih očiju prema njemu i poluotvorenih ustanca kakva se viđaju kod ljudi koji pate od polipa u nosu, sva očarana ga ocenjuje. Zatim opet spušta pogled na album i lista ga tražeći s napregnutom pažnjom, tako da to već liči na zanesenost, druge važne fotografije koje spadaju u njene porodične uspomene.

A gost joj se osmehuje. No evo ga gde jednu ruku prirodno i neprimetno stavlja na bedro, na krilo, iza Odetinih leđa. Kad on napravi taj pokret, Odeta se okreće i gleda ruku — sa onako napregnutom pažnjom da to već liči na zanesenost, pa diže pogled i zadržava ga na njemu, nastojeći da ne promeni izraz lica, da joj u zenama ostane onaj isti sjaj. No on joj se smeši, očinski i materinski, zatim toplo i kao da je ona nekakva mrtva i nepokretna stvar, hvata je ispod miške i odiže je sa poda uzdigavši je do svoje visine.

Album sa fotografijama otkotrlja se na pod i njihove usne se spojiše. To je Odetin prvi poljubac i ona ga prima klečeći, kruta i prožeta silovitom žudnjom svoje puti dok je mladić pridržava snažnim rukama zbog čega je i tako laka...

24

"PRVI RAJ, ODETA..."

Prvi Raj, Odeta bio je raj oca.
Bila je to veza čula u detetu
— muškom ili ženskom,
zasnovana na obožavanju nečeg jedinstvenog.
A svet, svuda okolo
imao je samo jedno obličje: obličje pustinje.
U tom mračnojezivoj i bezmernoj svetlosti,
u pustinji zaokruženoj kao moćno krilo
dečak je uživao u raju.
Pamti: bio je samo jedan Otac (ne majka)
Njegova zaštita
bila je prožeta osmehom zrelim ali mladim
i blago ironičnim, kakav se uvek viđa kod zaštitnika
nemoćnog, mekušnog — muškića ili curice.

Ti si boravila u tom Prvom Raju
do danas a pošto si žensko biće,
nikad nećeš prestati da ga se sećaš i da ga poštuješ.
Bićeš po prirodi obožavateljka... A pre
no što se vratim tebi da ti ukažem
na opasnosti religije, želim da ti pričam
o tvom bratu koji je istog pola kao Bog.
I on je u vreme kad je *zaista* bio dete
(više dete nego kad je bio u majčinoj utrobi
ili kad je sisao prvo mleko iz njenih grudi)
živeo u tom Prvom Raju Oca.
Mržnja se javila odjednom i bezrazložno.
Krilo koje je bilo slično suncu zastrtom oblacima
blagim i silnim, krilo tog Čoveka

ogromno i jedinstveno kao pustinja,
pretvara se u mračno dno pantalona,
u nešto kukavno i bedno, a nije ni više bezazleno
pod sumnjom da je samo tek ljudsko krilo.
Osvanuo je dan
u kojem, čisto obzorje pustinje iščezava
u tišini i u ne tako savršenoj boji
počinju da se naziru prve palme
i prva staza javlja se nema među dunama.
I tako dete prekoračuje granice Prvog Raja:
koji ostaje pozadi u vremenu, u vremenu *sanjanom*
jednog zelenog predela tigrasto izbrazdanog prozračnim
                                           drvoredima
jasika pomešanih grana — ili u nekom velegradu u
                                           unutrašnjosti.
Dete glavačke pada na zemlju,
ne zove se više Lucifer već istovremeno
Avelj i Kain (to važi bar
za neke zemlje ružičaste, sredozemne i za one zelene
u kojima opatice jednu svetovnu Odetu tome poučavaju).

Te zemlje behu Drugi Raj
Tamo jedna mater prebiva (recimo usvojena) koja bi u
                                           tvom slučaju
imala bogato krzno što miriše na prevremena proleća.
Kako je bila ovozemaljska, blago ovozemaljska
njena nežnost devojčice iz srednjeg građanskog staleža
koja sve poznate, drage stvari ne priželjkuje za se
već za tog svog sinčića koji se pored nje šeta
za njega takođe bisernom svežinom jagorčevine potpuno
                                           orošenog!
Tekla je jedna reka (u ovom slučaju Po) u tom Raju:
jer kuća u kojoj se poočim i pomajka stane
posle venčanja uvek se uz reku nalazi.
Ili ako ne uz reku, onda pored mora ili planinskog venca.
Voće neobičnih imena raslo je samo od sebe
jabuke, grožđe, dud, trešnje, a cveće nekorisno
nije manje vredno od voća i imena cveća
bila su čudesna, jagorčevine, upravo, ili suncokreta

ili visibaba, ili đurđevka i takođe, za prazničnih dana,
orhideja.
Sunce tamo gore neosporno je bilo stvorenje prijateljsko,
raznoženo prijateljskom mišlju da majka
opšti sa svojim sinčićem koga čvrsto drži za ruku
i kako se rađalo zorom, tako je umiralo večerom
ustupajući mesto onim zvezdama koje je sin, poslušan,
trebalo tek da nazre i da ih odmah prepusti njihovim
tišinama.
No ta majka nije bila nedužna, kako je to on mislio!
I tako isto bezrazložno gnušanje — koje se javilo po sebi,
kao voće
ili cvet u Prvom
javlja se i u Drugom Raju. Naše postojanje je
samo ludo poistovećivanje sa postojanjem živih
koje nešto bezmerno naše stavlja pored nas.
Bejasmo tako majka grešnica pred voćem
čije tajanstvo je vaskrsavalo dane Prvog Oca
— koji tako mnogo prethode danima zelenog
lombardijskog Raja!
Sija ponovo pustinjsko sunce
na toj maloj jabuci, želja skromnih žitova.
Uobičajeno svakodnevno sunce stoji po strani
izdvojeno kao u nekakvom iznenadnom decembru;
zapanjeno žeže, gleda na čemu da odmeri vekove i bedu.
Mama, dakle, *koja je bila samo svoje sopstveno dete*
zagrize sa majčinskom naivnošću i detinjskom
nesvesnošću
taj letnji plod. Odmah drugi otac, poočim
— koji je nasuprot prvom podsećao na iščilelu svetlost
zimskog sunca nasuprot suncu koje je uždilo Rano Leto —
povede se za njenim primerom, progna čoveka sa zemlje
lako zavedenog i lako pokvarljivog.

No i sa njim nismo se poistovetili
jer sami kakvi smo mi lično nismo mogli da opstanemo,
mogli smo opstati samo ako smo bili otac, majka.
Grešimo njihovim ustima, njihovim rukama.
I Prvi Otac nas tera iz Drugog Raja.

Prema tome mi smo izgubili dva Raja!
Dok nas roditelji drže za ruku, krećemo putevima sveta.
Lucifer se razlikuje od Avelja i sledi svoju sudbu
skončavši u najcrnjoj tmini. Avelj umre
pavši od sopstvene ruke pod imenom Kain.
Dakle, ostaje samo jedan sin, *samo jedan sin*.

Posle mnogih milenijuma počinje prvo osemenjivanje,
a drugog milenijuma posle tog događaja,
imenovan je Kralj gospodar namnoženih ljudi.
O, kolikog li obojenog posuđa! Treba da zaradimo parče
                                                     hleba
i to počinje da nas hvata i svako se gubi
u pogrešnoj slici o sebi u prisutnom paklu.
Tim putem je, dakle, krenuo tvoj brat Pjetro.
No zašto sam izlažući ti ovu Teoriju o Dva Raja,
govorio o tvom bratu Pjetru a ne o tebi?
Jednostavno zato što bez priče o njemu kao muškom
                                                     detetu
priča o tebi se ne bi mogla porediti ni sa čim,
i prema tome ne bi se mogla ni početi raspredati.
Nije postojala neka Luciferka ni neka Avelja ni neka
                                                     Kaina:
ti bi, dakle, morala da ostaneš u Prvom Raju.
Ili bar, upravo bi to morala imati na umu sa pravim
                                                     Ocem:
i tako je zaista, zato si neuporedivo starija
od tvog poočima u koga si zaljubljena,
od tvoje pomajke koja se zove Lučija
i od tvog brata Pjetra, koji je primer celokupnog
                                                     postojanja.
Sa svakim od njih si se ti, jadnice, poistovetila:
i ne znaš da si, naprotiv, tamo dole, pre njihovog rođenja,
jedina u pravom smislu reči pokorna Prvom Ocu.
Šta bi trebalo da više vredi, tvoje poistovećivanje ili
                                                 tvoje postojanje?
Ti ne umeš da biraš, nežna Odeta, jer si slepa:
takva si izabrana, takva si živela i ti se opireš
uzalud, izgubljena, između jedne prelepe uspomene
i jedne stvarnosti koja te iz sna odvodi u ludilo.

25

OD POSEDNIKA DO POSEDOVANOG

Otac i mladi gost su u kolima (privatni očev ,,mercedes'') koja jure dugim i uskim asfaltiranim putevima kroz polja južno od Milana...
Mišljenja smo da je sad već vreme da oca prestanemo da zovemo prosto ,,otac'' i da ga najzad imenujemo Paolo. Kršteno ime, bilo koje ima može izgledati besmiselno ako se daje jednom ocu: to ime mu, u stvari, oduzima autoritet, obesvećuje ga, vraća mu njegovo nekadašnje obeležje, obeležje sina. Tako ga ujedno izlaže svim onim nesrećnim, mračnim bezimenim peripetijama kroz koje prolaze sinovi.
Paolo i gost zbunjeno ćute iako je, istini za volju, zbunjen samo Paolo. Gost, u stvari, ćuti obzirno i poslušno — jer on i jeste sin s punim pravom — i u njemu su osobine oca moguće i tek u budućnosti ostvarljive, pa stoga utoliko pre prisutne i izvesne. Tako da se ispod mladalačke, neusiljene i velikodušne maske sina krije jedan otac, plodan i srećan, dok se ispod obeležene umorom, brižne, lakome autoritativne maske oca, krije jedan razočaran i uznemiren sin.
Na jednom delu puta — pustom delu puta — ,,mercedes'' stane. Otac digne ruke sa volana, izlazi iz kola i ponovo u njih ulazi kroz vrata na suprotnoj strani, tako da gost, zadovoljan kao svi momci njegovih godina, zauzima njegovo mesto za volanom. To je sudbonosno: čim opet upali motor, kola pojure bar dvostrukom brzinom. Prozračne katedrale topola prema pepeljastim nebesnim zabranima, još tako prokleto hladnim, sve proždrljivije gutaju kola dok jure prema jugu, gde nema sunca već na-

protiv, gde se pružaju samo raskvašena močvarna prostranstva, koja izgleda da onako zamračena već poprimaju ukopnu boju večeri. To je nizija Basa koja umesto da severu otvori vidik prema veselijem i čulnijem jugu, okružuje ga kao jamu. No upravo ta Basa — to žbunje uz Po obavijeno kudeljom magle i zakorelo — njene šume koje mogu biti tako blago mlake prvih prolećnih dana dok još vrca mraz — oduvek nagonski privlače ljubavnike.

Razgovor koji Paolo želi da zapodene, nesumnjivo je ozbiljan (mladić je pomalo odsutan jer misli kako vozi, jer se sav upeo da uspešno savlada krivine) ali kao da je dete, ne usuđuje se ni reč da izusti.

Da porazgovara. A ne bi li i on trebalo *najpre da dela, pa tek onda da odlučuje?* Nije li on u odnosu na svoju decu i u odnosu na svoju ženu, primer jedne autentičnosti koja jednog čoveka pretvara u građanina u koga su uklesani njegovo uvaženje i njegova (sada već prirodna) pravila kao u kakav mermerni kip? Razgovarati o problemima umesto o pravim osećanjima ili željama, nije li to samo izlika?

Telo gosta se nalazi pored Paola, netaknuto i krepko, kao telo seljaka. Osim toga gost ima preimućstvo da je gradsko dete i da je obrazovan (pa prema tome s jako razvijenim osećanjem dostojanstva). Telo nekog seljaka se, u stvari, može dirati i milovati jer je ono nezaštićeno. Seljak se ponaša kao pas prema gospodaru, nema moralnih načela koja bi pred njim trebalo braniti. Osim toga, seljak ne ume da bude ironičan. Jednom reči, pa makar i nehotice, on je poslušan.

Naprotiv, telo gosta, krupno ali ni u kojem slučaju opuštenih mišića, bujno ali čisto, drugim rečima ovaploćenje sinovljeve plodnosti, gori tu pored njega za volanom kao da je golo, od ljupkog poprsja i ispruženih ruku do snažnih bedara stegnutih među pregibima pantalona od gotovo letnjeg platna.

Otac — Paolo! — posmatra ga i *pre no što je to odlučio,* pomiluje ga.

On lagano pređe rukom — kojom je dotada milovao samo sopstvenu ženu ili određen broj dopadljivih i elegantnih ljubavnica, i to kako se pristoji, na doličan način — sasvim polako pređe rukom po mladićevoj kosi, vratu, ramenu. Gost se smeši razdragano, nimalo iznenađen, osmeh mu je detinjast i otvoren.

Štaviše, ozarena lica okreće se Paolu i time njegovo milovanje dobija obeležje radosnog prirodnog čina. Pokazuje da mu je zahvalan i miloštu odvraća mladalačkom razdraganošću, gotovo smerno, upravo kao da je pripadnik nižeg staleža — stavlja mu do znanja da ta kretnja uopšte nije neko obeščašćenje, što jednom građaninu nikako ne ide u glavu. Pa ipak, u tom mladićevom osmehu nema nimalo snishodljivosti onoga ko se daje. Naprotiv, on zrači samouverenošću onog ko daje.

Na Paola sve to tako utiče da se još potpunije pretvara u sina. To neodlučno milovanje (posle kojeg je odmah povukao ruku) nije znak posedovanja, ono je molba upućena onom ko poseduje. Paolo je čovek oduvek navikao na posedovanje. On je celog života (a obzirom na svoje poreklo i na svoje prihode) samo posedovao. Nije nikad ni za trenutak posumnjao *da ne poseduje*.

26

ŽUTE TRSKE NA OBALAMA POA

Evo Poa koji im gotovo iznenada iskrsne pred očima jednim rukavcem, širokim kao neki trg, neveselim (u početku to je velika voda blatuša, namreškana i žućkasta, da bi potom malo dalje potekla vrtoglavom brzinom i usmerila gotovo rušilačku snagu prema Kremoni, prema Mantovi, prema istoku). Da će se reka pojaviti, nagoveštavali su sve gušći redovi topola koji su se gotovo pretvorili u šumu. A topole, a ne samo četvrtaste livade koje su se između njih prostirale, bivale su sve zelenije. Gotovo kao da je tu proleće više poodmaklo ali i bilo tužnije. Pa ipak, slabašni zračak sunca savladao je oblake, prodevajući se kroz uležanu magluštinu i sjedinio ogromni prostor pod topolama, koji se pod nasipom širio unedogled, sa smirenim nebom.

Kola su parkirana iznad nasipa, a Paolo i gost iz njih izlaze. Neko vreme stoje tu gore, na suncu. Zatim se Paolo, sa blagim osmehom na usnama, sada konačno pomiren s tim da se u odnosu na svog saputnika nalazi u podređenom položaju (s onim njegovim preplanulim licem bogataša obeleženim dostojanstvenim borama) zadržava pored kola neodlučan i zbunjen kao da ne zna šta da radi, kuda da krene. No gost, i on sa osmehom na usnama — sa osmehom jednog bića koje ne gubi ništa, naprotiv koje daje sve, ali ipak ni gordošću ni prezirom ne kalja čistotu svoje ljupkosti — silazi ukoso niz nasip, još žut, rasušen i skočanjen kako to biva u zimu, i kad stiže u podnožje nasipa, kao dečak koji se sprema da šutira loptu, zalazi među šipražje kojim je prostrana zaravan obrasla sve do reke.

Zemlja je mekana i mirisna ali nije vlažna. Kao ni žbunje koje je gotovo sve još suvo osim nekog grma osutog belim cvetićima. Po zemlji, na humusu koji odiše zimom i prolećem, još uvek leži lanjsko lišće, trulo i sasušeno.

Na toj prostranoj zaravni iza nasipa na obali reke nalaze se zaklonita ulegnuća koja se odozgo, sa visine, i ne vide. Gost nestane u jednom od njih, zatim se opet pojavi nešto niže i dalje u šibljaku boje rđe, rđe koja ipak samo što nije blesnula u sjaju novih nežnih preliva (jedino je pruće vrba potočnica već kao krv crveno). Zatim se opet pojavi iza drugog, dubljeg ulegnuća koje svakako vodi do reke.

Paolo ide za njim gazeći po tom zemljištu na koje sigurno bar četrdesetak godina (od dečačkog doba) nije nogom kročio. Zato se ne snalazi, kao bolesnik koji je tek izišao iz bolnice. I izišao na sunce. Ne vredi što se redovno bavio sportom na za to uređenim i odgovarajućim mestima. Njegovo telo i ta ničija zemlja, sasvim, sasvim neosetno pa ipak tako duboko prožeta miomirisima, u krajnje su neprijateljskom odnosu.

Kad iza drugog ulegnuća, niz koje se s teškom mukom spušta, stiže do gosta, vidi da leži na zemlji sa jednom rukom ispod potiljka, dok u drugoj, kao kakav mangup, frajerski drži upaljenu cigaretu, i da su mu noge raskrečene. Paolo mu prilazi, gotovo zazirući — pun poštovanja prema mladiću koji se tako drsko i tako bezazleno podaje...

27

„JEVREJI SE PODIGOŠE I KRENUŠE..."
Jevreji se podigoše i krenuše prema pustinji. Ceo bogovetni dan otkako se obzorje s mračnim tanjirastim, stenovitim dunama ili takođe mračnim, ali oblim peskovitim dunama — ocrtalo prema ruju razdanja pa dok se opet nije ocrtalo prema ruju smiraja — pustinja beše uvek ista.
Njena nepristupačnost imala je jedno jedino i jedinstveno lice. Uvek isto bilo gde su se Jevreji nalazili, stajali ili hodali.
Svake milje obzorje se udaljavalo za milju. Tako se između oka i vidika, razdaljina nikad nije menjala. U pustinji je bilo nekih promena. Čas bi se pojavio stenoviti obrežak, čas zaravan puna kamenova (ogromnih i golih kao u predgrađima metropola, iste onakve mrtvačke, ispravne, čeličnosive boje), čas jezero tamnog peska optočeno bezbrojnim kitnjastim i potpuno jednakim ivicama. No, sve te različnosti nahodile su se unutar onog što i nije bilo drugo do pustinja i ni na šta drugo nije ličilo do na pustinju. A svi ti različni oblici krševina, stenja ili peska, za Jevreje su bili samo znamenje ponavljanja koje im pruža mogućnost uočavanja jednolikosti što im je prodirala u kosti kao groznica kužne boljke. Predeo koji je bio oličenje suprotnosti života ponavljao se, dakle, ničim zasenjen niti prekidan. Izvirao je iz sebe, tekao sa sobom i umirao u sebi. No, čoveka nije odbijao; štaviše, prihvatao ga je, doduše negostoljubiv, ali ne i dušmanin, tuđ njegovoj prirodi, ali veoma blizak njegovoj stvarnosti.
 Hodeći, dakle, beskrajem u kojem im se činilo da uvek stoje na istom mestu, nailazeći posle jedne ili posle

stotinu prevaljenih milja na istovetnu dunu sa istovetnim, potpuno srodnim sitnim naborima koje je ucrtao vetar, ne zapažajući nikakvu razliku između severnog i južnog obzorja ili između mračnih obrežaka na istoku i onih na zapadu, niti razliku između potpuno istovetnih stena džinovskih razmera, kako ispod njih, tako i iza njihovih leđa, na obrisu jedne dune i između svih potočića užljebljenih u jalovu boju uglja, uvek istih potočića, Jevreji počeše da stiču predstavu o Jednolikosti.

Šta je Jednolikost primetili su prvog dana pošto su pedeset milja propešačili kroz pustinju. Njome su bili preplavljeni drugog dana kad su prevalili sledećih pedeset milja, a ništa se promenilo nije. Najzad im se samo ta predstava uvrežila u svesti, samo su nju imali na umu.

Jednolikost pustinje bila je nalik mori koja san remeti ali ga ne prekida tako da se iz njega ne možeš probuditi.

Pustinja je bila Jedno i korak dalje bilo je Jedno, Jedno dva koraka dalje, Jedno posle svih koraka koje su Jevreji mogli načiniti. Oblici palmi, vode, bunara, puteva, kuća postepeno su se gubili u sećanju dok najzad svekolika složenost čovekovog sveta nije ostala iza njih, tako da je izgledalo da više i ne postoji.

Jevreji su stalno imali pred očima Jednolikost pustinje ali ipak um im se od toga nije pomračio. Čak su osećali da ih je prigrlilo to Jedno što je bila pustinja kroz koju su hodili, svesni, ali u dubini duše sada srećni, da više nikad ne mogu izići iz njenih beskrajno dalekih granica.

Navikavanje na predstavu o Jednolikosti koju su upila njihova čula u pustinji koja se javlja kao nešto neizmenjivo u duši onog ko njome prolazi a ne može iz nje izići (iako je potpuno otvorena) i koji ima koliko se upinjao ne može ni za trenutak da je zaboravi — pretvarala se gotovo u drugu prirodu koja je opstojavala pored one prve prirode i postepeno je uništavala, zatirala, zauzimala njeno mesto isto onako kako žeđ postepeno ubija telo koje oseća neodoljivu potrebu za vodom. Jevreji su pešačili pustinjom i, čak nesvesno, pratila ih je misao da je u njih ušlo toliko mnogo mraka i toliko mnogo svetlosti.

Jednolikost obrisa pustinje pretvarala se, dakle, u nešto što je bilo u njima i od čega su patili. Njome su bili prožeti. To je bilo slično neutaživom bolu nekog bolesnika koji se u grčevima prevrće čas na jednu čas na drugu stranu postelje: i na jednoj strani oseća pustinju, na drugoj strani opet oseća pustinju a u trenutku dok se prevrće da bi promenio položaj, istovremeno želi da je zaboravi i da je opet nađe.

Jevreji stižu u novu oazu duž presušenog korita jedne rečice. Letela je poneka zloguka vrana, kamile su pasle travu, nomadi su podigli šatore oko bunara, stajali su tu i prekinuvši svakodnevni ritam svog življenja, gledali su ih onim njihovim očima krotkim kao u rasnih pasa ili gazela.

No, i u tom zabranu nove i ponovo nađene životne raznovrsnosti — izgubljene u dubokom miru sunca u kojem se dugo i leno razmišlja — predstava o pustinji, Jevrejima ne izlazi iz svesti. Drugog opet nije bilo do nečeg Jednolikog.

Uostalom, bilo je dovoljno osvrnuti se oko sebe i iza neke palme, nekog zidića ili nekog kamenitog uzvišenja — oko kojeg su se šćućurile kuće zaseoka plemena neke druge rase — ona je bila tu.

Apostol Pavle, dakle imenjak našeg glavnog lica Paola, ustade te krenu iz oaze: iz mestašca od peska, samotnog kao grobište, šćućurenog oko bunara — mestašca u kojem se život sastojao od mučnih pokušaja da se ne skonča. Neizlečiva boljka od koje se mre, nazirala se u zelenkastoj vodi bunara, u rastočenoj kori ostarelih debala, u prašini koju je pržilo sunce i u koju se milenijumima sve pretvaralo. Pa ipak, tu je postojao ljudski život u svim svojim oblicima. I ma koliko pomalo ošamućeni ili zaglušeni tišinom koja je vejala iz pustinje, muškići su se smejali i smeh se uvrežio u njihove oči koje su sjajkale od nekakve miline, i u njihova bestežinska tela.

Mladiće su u potaji opsedale pohotljive misli, bili su odeveni u bogate tkanine, glava uvijenih turbanima. Crte lica su im bile blage ali i odurne kao u razbojnika. Žamor pijace, procesije žena vraćale su se s trga hitro kao mnoštvo starih žrecâ. Vremeniti ljudi su se jedan pored drugog naslanjali na zidiće sa svojim trulim, razjedenim jetrama i očima bolesnih i mirnih životinja.

Pustinja je ponovo počela da se javlja sa svim onim njoj svojstvenim osobinama i da bi je opet video takvu — pustinju i ništa drugo do pustinju — dovoljno je bilo da budeš tu. Apostol Pavle, taj Paolo, hodio je, hodio i svaki njegov iskoračaj bio je jedna potvrda. Kad su se izgubile s vidika poslednje perjanice palmi združenih u slikovitim skupinama, opet poče da ga opseda bolna misao, to jest misao da neprestano tapka u mestu.

Da, pustinja s vidikom ispred nje i vidikom iza nje, uvek istim, čoveka je neprestano održavala u nekakvom izuzetnom stanju zanosa, u bunilu koje izluđuje, izmožđuje. Svako vlakno Pavlovog tela služilo je njoj i bilo njeno oruđe: njegovo telo bilo je celo mračni kamen, ili pesak sabijen u brazde koje je ocrtao vetar, ili siva prašina s metalnim odsevima u koju je vetar ubeležio pravilne i mračnojezive, smrtno beličaste pruge. Svaku Pavlovu misao zatrovalo je i njome ovladalo to prisustvo. Sve u njegovom životu što nije bilo — sada je to očigledno — jednostavni život oaze, izjednačavalo je ono Nešto što je on doživljavao uvek na isti način, jer je to i bilo uvek isto.

Razum nije mogao da mu se pomuti jer, u suštini, pustinja kao jedinstveni oblik, kao nešto što je isključivo ona sama, umirivala ga je, ispunjavala spokojstvom kao da se vratio *ne u majčino, već u očevo krilo*.

I zaista, kao kakav otac, pustinja ga je gledala sa svake tačke svog obzorja raskriljenog do beskonačnosti, slobodnog i otvorenog. Pavla ništa nije moglo zaštititi od tog pogleda. Bilo gde se nalazio — to jest uvek na istom mestu — kroz mračna peščana i kamena prostranstva, taj pogled ga je bez ikakve teškoće stizao. I to onako duboko smireno, prirodno i neumoljivo kao što sija sunce neizmenjivo.

Prolazili su dani i noći.
I koja im je bila svrha?

Da pokriju i otkriju jedno jedino Nešto koje je bilo tamo upravo zato da bi ga bez uzbuđenja pokrili za dugih zaranaka prožetih potpuno bezglasnom tugom. To Nešto ipak se nije snagom noći ili snagom videla nebeskog, dalo pokriti i otkriti kao nekakav predmet, već kao gospodar koji je samovoljno odlučio da ostane po strani i ne deluje, prepušten tom ritmu čije je poreklo bilo tako duboko kao i njegovo poreklo, zasnovano u vremenu.

I tako, kad se sunce ponovo rodilo na ničim obeleženoj tački obzorja, gle, evo kao da se ništa u međuvremenu stvarno zbilo nije, pustinja se prostirala okolo sa obrisima i svetlošću viđenim prethodnog dana, pržena strahovitom vrelinom upekle zvezde koja je opet značila pogibelj i smrt.

Apostol Pavle je prolazio tim putem koji je bio jedno te jedno u tom potpunom poistovećivanju sunčeve svetlosti i saznanja da živi.

O, kako je bilo sve svetlo, čisto, neokaljano! U toj živoj i užarenoj praznini nisu se mogli ni zamisliti mračnjaštvo, lukavo izvrdavanje, pometnja, okuženost, zadah života. Upravo zato što tu nije bilo raznovrsnosti, već samo jednolikosti, duboka plavet šara nebeskog, tamna boja peska, obris obzorja, iznenađenja na tlu, nisu bili oblici jedni drugima suprotstavljeni koji bi se međusobno isključivali ili naizmenično odnosili prevlast čas jedan čas drugi. Ne, oni su bili oblik jedinstven za sva vremena, sveprisutan.

28

DRUGA BLAGOVEST ANĐELKA

Anđolino, taj Anđelko, kao da svira u neku nevidljivu i raspevanu flautu, *Čarobnu frulu*, stiže kroz park, prstom pritiska zvonce, čeka, srdačno se osmehuje Emiliji koja dolazi da mu otvori (i s kojom se, otkako je gost u kući, sprijateljio) — predaje joj najpre jednu ružu šale radi, zatim jedan telegram — pa odlazi.

Porodica sa svojim gostom sedi za stolom kako je već tokom ove priče mnogo puta sedela (ručak im je veoma ukusno serviran, svaka pojedinost na postavljenom stolu mogla bi biti deo neke freske iz onih vremena kada je proizvodnja na sebi još nosila pečat ljudskosti).

Pognuti nad svojim tanjirima svi jedu ćuteći. Potajne poglede pune ljubavi prema gostu svako od njih skriva od drugog kao nešto što samo njemu pripada.

Zajednička ljubav prema gostu, dakle, nije nešto što ih združuje i pred čime bi svaki pokušaj ograđivanja u znak samoodbrane propao kao u onim prilikama kad se čista srca može uživati ili patiti u društvu s bližnjima.

Svi članovi porodice su se u toj svojoj tajnoj ljubavi, u svom pripadništvu gostu, međusobno izjednačili. Više se, dakle, ne razlikuju jedno od drugog. Pogled svakog od njih ima isto značenje, isti cilj, ali zato oni kao celina neosporno ne sačinjavaju nekakvo religiozno bratstvo (iako je tišina za vreme tog njihovog ručka sveta, sakralna).

U toj tišini nailazi Emilija, i ona sa svojom tajnom koja je očigledno izjednačuje s njenim poslodavcima, iako je ne oslobađa one njene bedne pokornosti kuje — i gotovo kao da je to njeno isključivo pravo i preimućstvo — predaje telegram gostu. On ih glasno obaveštava o sadržaju tog telegrama: „Sutra moram da otputujem."

DODATAK PRVOM DELU

ŽUDNJA ZA SMRĆU

*Uništen sam ili bar izmenjen
toliko da se ne prepoznajem, jer je u meni
zatrt zakon po kojem sam sve do ovog trenutka
bio brat drugima:
prirodan momak ili bar i neprirodan
ili neprirodan kao svi... Iako
(zar treba naglašavati?) pun
svih onih mana koje moja klasa
i moj društveni rang po sebi,
u sebi nose — a koje nam se ipak praštaju
zbog našeg povlašćenog položaja.
Uprkos tome,
pre no što si ti ušao u moj život —
sve u njemu dovodeći u pitanje
i pretvarajući ga u gomilu ruševina —
bio sam sličan svim svojim drugovima.
Dakle, upravo posle uništenja svega
što me je izjednačavalo sa drugima,
postao sam
— što je nečuveno i neprihvatljivo —
čovek RAZLIČIT.
Tu različnost otkrio sam iznenada:
do sada je ona bila skrivena
omamom i pijanstvom koje me je obuzelo
(dok sam se zavaravao da mogu ćutati
zauvek) zbog tvog prisustva.
Onaj ko me je pretvorio u čoveka različitog (za
divno čudo!) bio je pored mene.
I tako me je sludeo silinom i slašću*

*neizrecivom kojima je njegov seks
ispunio moj život.
Strah i strepnja da nećeš više biti uz mene
da bi zadovoljio moju žudnju da te vidim i dodirnem
onde gde si mi jednak ali mlađi i svežiji
kao dete i zreliji i snažniji
kao otac koji ne zna kako je božanstven
njegov obični ud —
potpuno se razlikuje od saznanja
da ću morati da te izgubim zadugo, možda zauvek,
probudio je u meni svest o mojoj različnosti.
Šta će se desiti posle ove noći?
Bol rastanka prelazi svaku meru
pomešana sa tragičnim osećanjem da postoji budućnost
koju ćeš doživeti pored nekog drugog Pjetra,
potpuno različitog od mene.
I šta odgovaraju u tišini na sve to
tvoje oči ozbiljne, prijateljske i mračno svirepe
(ili već daleke)? Ne nameravaš li
možda da me gurneš na put različnosti
sve do kraja i bez mogućnosti uzmaka?*

....

*Hoćeš li da kažeš da ako je već ta ljubav rođena,
ne vredi vratiti se,
ne vredi osećati je kao propast u pravom smislu reči?
Da bih, što se tiče bola rastanka,
mogao naći nekog ko bi mogao da te zameni
i opet u meni probudi ta osećanja
smešne nežnosti i životinjske pasivnosti
koja su se nedavno u meni probudila i
tako naglo bila prekinuta?*

....

*A da si bio otac bez bora i bez sedina na glavi,
otac sličan njemu u vreme kad beše malo stariji od mene,
zar te ne bi neki otac kao ovaj
mogao zameniti? Iako je to
nezamislivo i stravično
naprotiv, upravo zato?*

IZJEDNAČAVANJE RODOSKRNAVLJENJA SA STVARNOŠĆU

Zar se ono što izgleda najispravnije i najjednostavnije
na kraju ne pokaže kao nešto najmračnije i
                                     najneverovatnije?
Nije li u svojoj prirodnosti
tajanstven sam život — a ne složeni slučajevi u njemu?
Rastanak naš između tebe koji odlaziš i mene nedozrele
                                            devojčice
koju bi tek kroz godinu-dve mogao da uzmeš za ženu,
nešto je najtragičnije na svetu.
A onda...
Do tvog dolaska živela sam
među ljudima — izvini za uobičajeni izraz — normalnim.
Ja, naprotiv, to nisam bila i morala sam da se branim
(i da budem branjena) ne bih li sakrila
mučne znake moje klasne bolesti
ili prazninu u kojoj sam živela (zlokobno spasenje).
Postojala je neprekidna opasnost
u meni da ta bolest iziđe na videlo,
da strgne masku sa mog lica i sa svega.
To je tada shvaćeno... kao šala —
kao razmetanje, kao aristokratska navika
koja se, kao večernji cvetak, gaji u toplini doma.
Upravo (zamislite!) kao da je reč
o smešnom i smelom otvaranju
prema idejama anarhističkim i pomalo prevratničkim,
                                     mestima lednim
koja neosporno ne posećuje nijedna devojka moj par...
Ti si me vratio u normalnost.
Pomogao si mi da nađem rešenje pravo
(i blaženo) za dušu i za telo.
Čudotvorno prisustvo tvog tela
(u koje je ugrađena silna širina duha)
mladog mužjaka i oca,
odagnalo je moj divljački i pogubni
strah devojčice... No sada
tim rastankom ne samo

*da se vraćam unazad
već još više unazad.
Bol je uzrok ponovnog pada
mnogo težeg od boljke
koja je prethodila kratkom ozdravljenju.
Neosporno zagonetan je smisao
tvojih milovanja
kojima si, možda, bez reči hteo da me utešiš
— a svirepo i dosledno svakim sledećim činom
gurao si me sve dublje i sve nepovratnije
u bezdan moje patnje.
Šta si hteo da mi savetuješ i predložiš tako tajanstveno?
Možda nekog ko bi te zamenio?
I zar bi taj neko mogao biti čovek
ko bi mi kao ti zamenio oca,
Pjetrovog oca, Prvog Oca?
A zašto ne upravo samog mog oca?
Nisi li možda hteo da mi predložiš strahotnim i
         bezglasnim rečima pravde,
da poistovetim jednu istinu,
uvek nezamislivu i rodoskrvnu
sa celokupnom stvarnošću?*

GUBITAK BITKA

*Interesovanje mog muža za njegovu industriju
probudilo se u njemu čim se rodio, nije se razlikovalo od
         njega,
bilo je jedinstveno sa nečim neizrecivim
a to je veza između njegovog života i njegovog rada.
Da je rođen kao seljak,
isto tako bi se interesovao za zemlju
i za oruđe kojim se ona obdelava.
Da je rođen kao pomorac (pre jednog veka),
isto tako bi se interesovao za more i za lađu.
Ukratko, celog života je radio
u jednom velikom industrijskom preduzeću nasleđenom*

*od oca
(koji je to preduzeće osnovao) jer se za to interesovao na
prirodan način.
Kao svako istorijsko razdoblje i naše je
ponovo izgradilo prirodu, prema tome i prirodnost.
Kao bogati građanin iz severne Italije
moj suprug Paolo živeo je u duhu svoje prirode, prirodno
(gotovo kao da je njegova fabrika,
zemlja ili more).
Njegovo interesovanje za rad
i za zaradu (ogromnu,
i kako to kažu naši neprijatelji, bespravnu)
ne razlikuje se od onog interesovanja koje čoveka podstiče
da radi u snu.
Ono je nužno i neshvatljivo. Jednom reči, on
nikad nije imao nekog objektivnog interesovanja,
čistog i kulturnog, za održanje života.
Što se tiče Odete, pitam se da li spada
u objektivno, čisto i kulturno interesovanje
njen kult prema porodici?
U njemu, doduše, ima neke bezazlenosti,
siline, ono je neračunsko,
no to je u suštini crna magija
u odnosu na pravu religiju,
ili igrarija u odnosu na izistinski rad.
Ona je napravila erzac od takvog interesovanja
i tim nadrinteresovanjem se igra
(osećajući ipak njegovu ispraznost
koje postaje svesna tek kad joj sve doteža).
A Pjetro, e pa on uči. Hteo-ne hteo mora da se
pa makar i u četiri zida najuglednije gimnazije u gradu,
za nešto zainteresuje...
Ovih dana
upravo čita ,,Gozbu"*... Može li to
da čini bez štetnih posledica?*

---

* ,,Convivio" — ,,Gozba", Danteovo delo o jeziku — *Prim. prev.*

*Jednom reči, u mojoj porodici svi živimo
životom kakav on mora da bude,
merila po kojima donosimo sud o nama
i o drugima, o vrednostima i o zbivanjima,
tako reći opšta su baština
svekolikog sveta i društva kojem pripadamo.
Ja sam u tom smislu bila najgora od svih.
Teško je reći kako sam živela,
kako mi je da bih živela bilo dovoljno da živim prirodno,
da se bavim kućom, da imam neki hobi,
gotovo kao da sam seljanka u svom porodičnom gnezdu
koja se rukama i nogama bori za opstanak!
Kako sam mogla živeti u takvoj praznini?
A ipak sam živela.
A ta praznina je bila iako to nisam znala,
puna konvencija, bolje rečeno
duboke moralne rugobe.
Moja prirodna ljupkost (izgleda) bila je moj spas
ali ta ljupkost je nestajala.
Kao perivoj na nekom mestu kojim niko ne prolazi.
Njome su bili ispunjeni. . .moje oči divljeg sjaja (izgleda)
moja usta, moje visoke i nežne jagodice. . .
oblici tela suvonjavi(o!) kao u kakve šiparice,
male uspijuše. . . . a verovatno, o da, i
moje srce, bojažljivo ali osećajno.
Pa ipak u toj sredini
ta lepota je venula.
To je podsećalo na starenje
(na prvo mrtvačko bledilo, na prve
proklete bore, jedva primetne). Lepota bi uvela
i sparušila se — ujedno bi došao kraj
jednog ispraznog života — da se ti nisi pojavio.
Ti si ispunio interesovanjem čistim
i mahnitim jedan život lišen svakog interesovanja.
I presekao si mračni čvor
svih zabluda od kojih se sastoji život jedne dame iz
             građanske sredine,
strašne konvencije, strašni humor,
strašna načela, strašne dužnosti,*

*strašne uglađenosti, strašna demokratičnost, strašan
antikomunizam, strašan fašizam,
strašna objektivnost, strašan osmeh.
O, šta ti sve ja znam o sebi, kazaćeš. To je svest
probuđenog nekom čarolijom i govorim kao da kazujem*
monolog
*jednog lica iz neke tragedije.
Čudno, u mojem bolu ima nekih
prirodnih i izistinskih naglasaka,
koji se obično javljaju u predsmrtnom času:
izgleda da oni život ne osporavaju. Možda
jer ono što je u meni tvoja ljubav poništila
i nije drugo do ugled besprekorne građanke čistih ruku. . .
Pa ipak, dok me miluješ, uviđavan i svirep,
pitam se: U šta to hoćeš da me gurneš?
Da li u nešto što sa jedne strane može na neki način
da mi pripomogne i uteši me
dok s druge strane može
da me još samo dalje gurne prema ponoru
čijoj ivici sam počela da se primičem
odlučivši se na preljubu s tobom?
Hoćeš li možda da mi kažeš, dečače što i jesi, da mogu
tvoje telo i tvoj duh
zameniti telom i duhom nekog tebi sličnog dečaka?
Da njegove oči za mene mogu imati
plavičasti odsev pohote prožete nežnošću?
I njegove krupne ruke grubu i dostojanstvenu težinu
čoveka koji milujući nesvesno nanosi bol?
Da će to, ukratko, biti biće što se pred očima mojim*
razvija. . .
*kao sin. . . dok ne stasa u
mladog varvarina koji ne dozvoljava da mu iko stane na*
put
*kad hoće da nekog obljubi?
A zašto, ako treba da bude po godinama moj sin
(njegova golotinja nešto svetogrdno, njegova erekcija*
nešto nezamislivo)
*zašto ne bi upravo i bio moj sin?
Da li je taj izbor koji je potpuna krajnost —*

*i koji uopšte ne pruža mogućnost povlačenja
jedini čin koji može spasti jedan život.*
....
*Od nedostatka svakog interesovanja
i od praznine ispunjene potpuno pogrešnim vrednostima?
Da li je sablazan takve vrste
da sebi dozvoliš da diraš dečaka koji je to više od bilo kog
dečaka
i da mu se podaješ
— svom sinu koji se razvio u muškarca —
jedini način osporavanja svakog lažnog pravdoljublja
kako bi se živelo, pa makar neispravno ali istinito?
Mogu li tako nešto
samo i da zamislim?*

PONIŠTAVANJE MIŠLJENJA O SEBI

*Došao si, dakle, u ovaj dom da poništavaš.
Šta si poništio u meni? Poništio si jednostavno
— pored celog mog prošlog života —
mišljenje koje sam uvek imao o sebi.
Ako sam dakle odavno
prihvatio formu koju sam morao prihvatiti
i ako je moj lik bio na izvestan način savršeno izgrađen,
pitam se šta mi sada preostaje?
Ne vidim šta bi me moglo vratiti u pređašnje stanje
da bih opet uspostavio svoj identitet.
Gledam te: ne gledaj me tako
neopredeljeno — jer ti svoju ličnost ne deliš —
slušaj me predano — jer ti se ceo predaješ svakom.
Pa ipak, kako može tvoje utešno prisustvo
biti toliko čisto da zrači
gotovo očitom željom za rastankom?
Šta mi vredi da se tešim da bi ti, samo ako bi hteo,
mogao, pa čak, i zauvek odgoditi
svoj odlazak? Jer ti ćeš svejedno otići:
to je neminovno.*

*Tvoje milosrđe je, dakle, saobraženo
nekakvom drugom tajanstvenom planu.
Da nećeš možda da mi kažeš bez reči već prosto
zato što si dečak
da bih te mogao zameniti sada
svojim sinom ili kćerkom?
Potpuno besmislen predlog (koji je proistekao
možda iz neke moje mračne želje)
pa ipak ispravan ako bi i kad bi se ostvario,
(goli ud mog sina, gola stidnica moje kćeri)
ostao samo simbol i ako me
njime gurneš u najveću propast
i nudiš mi da svoj život potpuno izbacim iz koloseka,
da ga jednom za svagda proživim
u bezakonju i bez sutrašnjice
pretovorivši sve to u jednu stvarnu normalnost.
A da možda to ne činiš zato što ko te je voleo mora
(kao uostalom svaki čovek — koji u to nije upućen)
smoći snagu da po svaku cenu u svakom trenutku
život prepozna? Prepozna i prizna, a ne samo upozna
ili samo proživi?
Da li su — kaži iskreno na mom običnom građanskom
jeziku —
izuzeci nezamislivi,
nepodnošljivi, daleko od mogućnosti
da budu shvaćeni i čak imenovani
i da li se oni predstavljaju kao najdelotvornija
sredstva prepoznavanja i priznavanja života?
Izuzeci koji ipak mogu
biti samo simboli
— ako su u realnosti kao svaka realna stvar
sazdani ni od čega i određeni ni za šta?*

LUMPENPROLETARIJAT I BOG U DOSLUHU

*Pozdravljam te poslednju upravo
pet minuta pre odlaska*

*kad su već koferi spakovani
i kad je već pozvan taksi.
Poslednju i u žurbi: zašto? Zar zato
što tvoje siromaštvo i niži društveni položaj
meni nešto znače?
Ili zato što se s tobom najmanje trošim
kao da je vrednost tvoga tela od drugorazrednog značaja,
i kao da se duh tvoj nemirno koprca,
ograničen, anđeoski čist i životinjski tup?
Ne, ništa od svega toga.
Pozdravljam te neubedljivo, u žurbi i poslednju
jer znam da si u svom bolu neutešna
i da čak ne osećaš potrebu da utehu tražiš.
Ti živiš sva u sadašnjosti.
Kao ptice nebeske i ljiljani u polju
ne misliš na sutrašnjicu. Uostalom,
jesmo li ikad razgovarali? Nismo izmenjali ni reč
kao da su drugi
svesna bića, a ti nisi.
Međutim, očigledno, i ti
jadna Emilijo, devojko potcenjena,
neprihvaćena, u ovom svetu razvlašćena,
i te kako si svesna.
Svesna si iako ćutiš.
Pa prema tome i ne fraziraš.
Ti nisi otmenog duha. Zbog svega toga je
tako žuran, nimalo svečan
naš oproštaj, on je samo dokaz
da smo ti i ja u nekakvom tajanstvenom dosluhu.
Taksi je stigao...
Ti ćeš jedina znati kad budem otišao
da se više nikad neću vratiti i tražićeš me
onde gde ćeš morati da me tražiš: nećeš gledati čak niz
put kojim ću se udaljiti i nestati
a koji će svi ostali, naprotiv, gledati zapanjeni
kao da ga vide prvi put, kao da ga vide punog nekog
                                        novog smisla
u svem njegovom bogatstvu i ružnoći
kako izvire u svesti.*

DRUGI DEO

1

JOŠ NEŠTO O EMILIJI

S velikim kartonskim koferom u ruci, Emilija izlazi iz kuće. Iza sebe, u pobožnoj tišini, zatvara vrata kao da beži. I zaista iskrada se krišom. Osvrće se okolo. Svuda caruje duboka tišina. Stoji, neodlučna. Opet sasvim, sasvim polako odškrine vrata, pogleda unutra. Niz hodnika i soba, sve do velike sobe za dnevni boravak obasjane slabašnom sunčevom svetlošću, potupuno je prazan i pust. Ponovo zatvara vrata. Nekakav zadovoljni, tvrdokorni izraz opsednutog bića izobličava joj lice. U tom izrazu ima i malo neprikosnovenog lukavstva.

Na prstima silazi niz stepenice, noseći kofer onako kako seljanke nose kofu sa česme. Sva se nagnula na jednu stranu, istegla je ruku crvenu i nabreklu. Drugom rukom, onom slobodnom, maše po vazduhu, besmisleno i bez ustezanja.

Celom stazom koja vijuga kroz park prolazi osvrćući se, lukava, neodlučna, ubrzavajući korak, još jače mašući slobodnom levicom da bi održala nesigurnu ravnotežu; šta li to nosi u tom velikom kartonskom koferu? Olovo? Jadna Emilija, u njemu je sve njeno bogatstvo, sve njene uspomene. Odvažno ih vuče sa sobom iako je sada to potpuno besmisleno.

Evo je na ulici. Na onoj istoj ulici na kojoj je juče, ili pre nekoliko dana ili, jednom reči, u neko bezvremlje nestao taksi s gostom.

Okolinom veje ona ista tišina, sipi ista svetlost. Ljudi u tom kraju ispunjavaju svakodnevicu u uvek istom ritmu, uvek istim težnjama i idealima. Terase i senice u stilu „liberti", balkoni iz dvadesetog veka, cementni uglovi, četvrtaste kamene pločice dižu se prema nebu iznad malih parkova punih isplavljenog i mučno održavanog zelenila kočopernih borića i poneke, upravo grozne palme. Emilija prelazi ceo taj put s vidikom koji se otvara prema daljinama. Ide polako, ćopajući sa svojim velikim koferom koji povremeno premešta iz jedne u drugu ruku dok se njena prilika tamo dole na kraju ne smanji i ne nestane.

....
....
Emilija stiže na prostrani okrugli trg sa zelenom lejom u sredini. Oko njega se zrakasto širi venac ulica, potpuno jednakih, sa istim pravim vidicima u daljinu. Visoke kuće pod brsnatim grančicama gradskih kestenova ne razaznaju se jasno zbog magle. Tramvaj i autobus neprestano kruže oko trga, kao i reka automobila. Čuje se brundanje motora, neprestana buka a sada se oglašavaju i sirene, podnevne ili večernje, ili one koje označavaju neko drugo radno vreme u fabrikama. Izgleda da su ljudi oko Emilije za sve gluvi i slepi, kao, uostalom, i ona. Brižno, odsutno i dostojanstveno svi čekaju svoje prevozno sredstvo pod nastrešnicom na stanici. Eto autobus stiže, redovan, blistav i, gle, opet polazi s novim teretom i gubi se, jednom od onih ulica koje se zrakasto pružaju s prostranog, okruglog trga punog sveta, u daljinu pritisnutu ustajalom magluštinom...

....
....
Emilija stoji pod drugom nastrešnicom — većom, s dugim zaleđnim zidom i kamenim sedištima. Između nogu joj stoji njen nagnječeni kofer. Čvrsto ga steže listovima nogu kao pas koji ni trenutka ne ispušta iz vida predmet koji mu je poveren na čuvanje. Ljudi oko nje, koji i sami čekaju sa koferima, slični su joj više od svih ostalih građana. To su seljaci, kao što je i ona seljanka, koji iz zaselaka lombardijske nizije dolaze u Milano i u njih se vraćaju. Vozilo koje sada stiže veliki je autobus, star, gotovo rashodovan. Stiže posle beskrajno dugog vremena i kreće posle dugog, beskrajno dugog čekanja kada je već

odavno dupke pun sveg tog naroda, sabijenog kao sardine, koji gotovo pobožno ćuti.

....
....

Autobus se zaustavlja na malom trgu podalje od sela. Trg je potpuno beo, pust i turoban. Na jednom uglu nalazi se neka trgovina suhomesnatom robom, malo dalje izlog pun mrtvačkih sanduka, u sredini bar sa neonskim natpisima, s blistavim staklima, a unutra sve po starom, ustajalo, hladno, seljački jad i beda. Red putnika polako silazi kroz prednja vrata na autobusu. To su stari seljani zadrigle šije, žene u tamnoj odeći, neki učenik, jedan vojnik i, najzad, sa svojim velikim koferom pod čijom težinom se sva iskrivila, Emilija.

Njeni saputnici, u seoskoj tišini, razmileli su se po uskim i dugim, ali brižljivo asfaltiranim uličicama u kojima su zidovi kuća iz prošlog veka nedavno ponovno premazani svetlim i hladnim bojama.

I Emilija odlazi jednom od tih ulica po kojima, kao u bajkama, švrlja samo neko dete natrontano ne tako bednom odećom, kao i neki pas. U daljini se nazire polje, treptavi i prozirni predeo pun topola čije se prvo zelenilo tek razlikuje od boje zemlje, a pupoljci su nakostrešeni i retki kao uvelo lišće.

Zadivljujuća koprena magle se spustila na te redove topola, prividno daleke, celom prizoru daje krajnje profinjen ton, prožet samotnošću nepovredivom i svetačkom zato što je to seljačka samotnost.

....
....

To je onaj isti predeo kroz koji su se pre izvesnog vremena otac, to jest Paolo, i gost kolima probili do obale Poa. Bolje rečeno, to je onaj isti predeo kojim je Renco na noge došao Adi, prema priči zabeleženoj na najpoetičnijim Manconijevim stranicama.[*]

---

[*] „Promessi sposi" — „Verenici" —roman A. Manconija — *Prim. prev.*

No, nečeg neprirodnog ima u tom mnoštvu topola koje uokviruju livade i nebeski svod, napred, nazad, desno, levo. Okviri topola su široki kao vojna vežbališta ili istočnjački trgovi, ili zbijeni i tačno promereni kao planovi katedrala a one se provide jedna kroz drugu ubeskraj. Kroz jedan kosi providi se drugi pravi drvored, kroz jedan pravi providi se drugi s njim uporedni drvored, a taj kroz neki okomiti drvored. A pošto je zemljište talasasto, kroz jedan, beskonačno se providi drugi red topola. To je ogroman amfiteatar kao na bakrorezima s bitkma iz davnina i u nepirodnom i dubokom miru (a što je mir neprirodan i dubok neosporno nije zaslužna samo priroda — koja tu deluje ravnodušna i moćna kao na dnu mora — već i industrija celuloze), javljaju se ovamo-onamo, kao gomilice nekih dragocenosti, strogi zvonici a pored njih kupole kitnjaste kao rođendanske torte, crvenkasto smeđe, gotovo boje rđe i prošarane kao krv crvenom bojom (bogomolje iz sedamnaestog i osamnaestog veka, jednostavno i strogo građene, danas napuštene i nekorišćene koje čekaju svoj kraj).

Upravo tim predelom — dugim i uskim, brižljivo asfaltiranim putem — Emilija sada ide tegleći svoj veliki kofer. Dugo tako hoda, povremeno zastaje i strpljivo prebacuje kofer iz jedne u drugu ruku. Sama je sred sveg tog širokog prostranstva sa baruštinama, glibovitim livadama, nebom i tablama sa saobraćajnim znacima. Najzad, kad stigne do jednog malog raskršća gde se od asfaltiranog puta odvaja džada, mračna i nepoznata, sa zelenom kičmom trave u sredini (davnašnji trag kola konjske zaprege) skreće i ubrzavši korak uputi se prema nekoj seoskoj kućerini koja se velika i crvenkasta kao kasarna diže pri kraju drvoreda topola na zelenoj ponjavi učmale trave.

....
....

U dvorištu pred kućom nema žive duše. Sunce zasenjeno koprenom magle, prosipa posvuda zrake, gotovo da ni u jednom uglu nema ni traga senke.

Svuda oko dvorišta podignute su dugačke zgrade, prizemne, sa crvenim krovovima. Na jednoj strani je velika nastrešnica sa štalama (tihim) u senci okruglih kula dvaju silosa, trošnih, strogih kao oni zvonici koji izgledaju daleki iza beskrajno dugih redova topola. S druge strane, jedna stambena zgrada sa zatvorenim kapcima dok su samo siva, zastakljena vrata otvorena, ali zastrta nekakvom jadnom ali besprekorno čistom zavesicom. Pred njom se nalazi druga osamljena, skromna kućica, možda druga štala, kao i gomila crvenih cigli između seoskih alata, crvenih kao krv koji su, po svemu sudeći, tu ostavljeni zauvek da zarđaju. A između jedne i druge zgrade (neobične, s brižljivo obrađenim pojedinostima, kao i na prinčevskim kasarnama iz osamnaestog veka), otvara se prozračni vidik s topolama u magli na složenim neravninama koje se sastoje od nasipa, uzvišica, možda usled prisustva reke.

Na jednoj gomili peska usred dvorišta, na kojem su ostali tragovi razgrađenog cementnog temelja nekog kućerka, igra se dvoje dece u skromnoj ali čistoj odeći kao na ilustracijama u knjizi bajki. Obrazi su im rumeni a lica bezizrazna, ali već ozbiljna i pametna kao u njihovih roditelja seljaka. Možda zato što su bojažljivi i lepo vaspitani u svojoj kući ili u obližnjim osnovnim školama, oni gledaju radoznalo ali ne i začuđeno Emiliju koja upravo nailazi i bez reči ulazi u to prostrano dvorište.

I ona njih gleda ćuteći.

Celim putem je vukla kao tuč težak kofer kao da je neka ucenjivačica ili čedomorka opsednuta izvršenjem nekog čvrsto postavljenog zadatka. Sada je tu, stoji pred dvorištem svoje stare kuće koja izgleda još više neprikosnovena zato što devojka pred njom ćuti i od nje zazire. Dolazi pas i njuši je.

Emilija zađe još nekoliko koraka u dvorište. Na vratima se zadiže bela, vezena zavesica i uz staklo neko priljubi brižno i mrgodno lice. Ona sada prvi put zaboravi da dohvati kofer koji ostaje napušten na zemlji, prepunjen, sam i nepotreban.

U dnu dvorišta, iza gomile crvenih cigli i alata, nalazila se neka stara klupa koju je rasušilo sunce, koja je natrula na kiši, ostavljena tu ko zna od kada, još u Emilijinom detinjstvu. Upravo toj klupi, prepoznavši je, ona pristupa korakom koji je opet kao maločas korak posednutog i upornog bića, pa seda na nju, kruta i nepomična na tuđinskoj svetlosti sunca.

2

JOŠ NEŠTO O ODETI

Kuća je tiha i pusta. Doduše uvek je takva jer je prevelika za ono malo ukućana koji u njoj obitavaju, a Lučija se pobrinula da poslugu nauči da ćuti i obzirno se drži po strani. Pa ipak, u ovoj sadašnjoj tišini i praznini ima nečeg posebnog. Kao da je kuća u pravom smislu reči napuštena.

Po svemu sudeći, gost nije samo sa sobom odneo živote onih koji u njoj stanuju, već je njene stanare i razjedinio i ostavio svakog od njih *samog* u bolu za pretrpljenim gubitkom i s ne manje bolnim osećanjem iščekivanja.

Prema tome, Odeta se ponaša kao da je sama u celoj kući. Tumara po njoj gore-dole kao da u toj praznini nešto traži. No, i unutrašnjost kuće i park izgledaju uspavani u nekakvoj konačnoj tišini stvari koje ni u čemu ne sudeluju.

Odetino lice, prilikom tih njenih uzaludnih izviđanja i traganja, ostaje neprozirno. Pa ipak, na njemu se pri svem tom čita zadovoljstvo (oči joj se lukavo... obešenjački sijaju), ona pravi dvosmislene grimase.

Ide do kraja parka na ono mesto gde su ona i njeni, nagnuvši se preko niske rešetkaste ograde kroz koju se prodevaju puzavice, poslednji put videli gosta kako se udaljava i nestaje — pa posmatra praznu ulicu.

Šta traži u toj praznini nije jasno. A ta praznina je tužnija, uvredljivija, prirodnija nego ikad. Cement, skupi materijal, ivice i izbočine u turobnom „liberti" stilu, suvišni i kržljavi četinari, ređaju se u toj dugoj perspektivi ulice bez jednog jedinog zračka nade i ičeg stvarnog.

Odeta sve to posmatra s pakosnim osmehom na usnama.

Zatim se okreće na vrhovima prstiju i korakom izveštačenim i smešnim (dugim korakom mačka u čizmama) vraća se u kuću. Poslednji deo puta prelazi gotovo trkom. No, kada stiže usred sobe za dnevni boravak, odjednom staje kao ukopana. Osvrće se okolo, steže zube (još uvek šaljivo i posprdno) i kroz zatvorene i razvučene usne prošišti joj nešto slično pesmi. Stoji tako dugo. Zatim se opet pokrene.

Ovoga puta ulazi u očevu sobu. Tu se, međutim, zadržava samo trenutak. Trenutak tek toliko da, iako pomalo sporo, izboroji do tri: jedan, mesto gde je ležao otac, dva, mesto gde je sedela ona, Odeta, i tri, mesto gde je stajao mladi gost. Kad je preletela očima preko tih mesta, Odeta beži, doslovno beži napolje u park, ali na onu stranu gde je otac dok se oporavljao obično sedeo u dugačkoj naslonjači od trske.

Odetin uviđaj ovde traje zaista dugo, ona sve pomno razgleda. Posmatra mesto gde je ležao otac, mesto gde je sedeo gost i mesto gde je sedela ona.

Trava nije uležana (opet je gotovo podivljala kao one nekadašnje noći) u njoj ni traga onih pređašnjih ,,starih" sedeljki, onog plandovanja u kojem su tako silno uživali u trenutku kad je ponovo počinjao jedan život i kad se rađala jedna ljubav. No, u Odeti su uspomene očigledno nezaboravne i do pojedinosti žive.

Ide na mesto gde je ležao otac i pokušavajući da bude što tačnija, odatle koracima meri razdaljinu do mesta na kojem je sedeo gost pa do mesta na kojem je sedela ona. Zatim, uvek na isti način meri razdaljinu između mesta ne kojem je sedela ona i mesta na kojem je sedeo gost. No nije zadovoljna (izražavajući nevericu, smešno krivi usta, mršti se). I tako opet trči u kuću i izlazi čak u kuhinju.

U kuhinji zatiče novu služavku koja se, nesumnjivo nekim čudnim slučajem, kao prethodna devojka, zove Emilija. Uhvatile su je godine, više nije u cvetu mladosti, žgoljava je (bleda, ispijena, krupnih bolećivih očiju).

Odeta joj zatraži metar i nova služavka joj ga bez reči spremno da.
 S tim metrom u ruci, razdragana, Odeta opet silazi u park. I tu, sada sa milimetarskom tačnošću, ponovo počinje da meri, a prestaje tek da bi se zamišljeno ali i pomàlo podsmešljivo, brzo nešto preračunala. Čak se u sebi smeška.

3

U USAMLJENOJ KUĆI

Rumeni mesec isplivava na nebo tamo negde iza drvoreda topola. Čak i ne liči na mesec već pre na krvavi i bezoblični komad nekakvog krupnog i lepog, ali raščerečenog tela. Mesečina se razliva po dvorištu pred kućom u kojoj gori mala biserna svetiljka, mesečna neuzdržano blagotvorna. Skupina seoskih zgrada šćućurila se okolo, crvenkasta i nagrižena zubom vremena. Sve grubo i seljačko iščezlo je u polutami i obrisi ona dva silosa, onih štala, onih zidova od crvenih cigli, deluju gotovo svečano. U jednom takvom dekoru od rastočenih stvari, na svojoj klupi, bez reči sedi Emilija *u istom onom položaju u kojem je bila kad je na nju sela.* Njen kofer više ne stoji nasred dvorišta. Prigušena svetlost, uostalom, prodeva se kroz zastakljena vrata seljačke kuće i bele platnene zavesice su podignute. Kroz okna, naziru se lica ukućana koji, što je razumljivo, posmatraju Emiliju. To su jedan vremenit čovek, jedna baka podbrađena crnom maramom, jedna nevesta u cvetu mladosti, jedan još mlad ali gojazan i zadrigao muškarac, a na donjoj ivici okna, sasvim pri kraju, i ona bucmasta i rumena, lica dvoje dečice, starmala i bezizrazna. Ona su sive ili svetloružičaste senke ispod bele boje zavesica. Mesečina do njih ne dopire ali zato se razastire po dvorištu, zaposela je njegovo ispucano cementno tlo, gomile peska, crvene cigle, pa dvorište podseća na jezerce ili na dragocene ruševine kakve stare bogomolje.

4

OVDE SE OPISUJE KAKO JE ODETA NAJZAD IZGUBILA ILI IZDALA BOGA

Odeta se nadnela nad jednu veliku škrinju (u svojoj sobici gde je prvi put u telu mladog gosta iskusila ljubav). Tu škrinju strpljivo kao nikad dotad, uvraćena u sebe i podsmešljiva kakva je bila svih tih dana svoga života makar šta preduzela, Odeta prazni do dna. To nije mali posao jer se u toj škrinji nalazi celo njeno detinjstvo oličeno u bezbroj dragocenih stvarčica od kojih se neke lako prepoznaju dok druge prepoznaje samo ona, Odeta, jer su one za sve ostale ljude samo beznačajni, bezvredni, bolje rečeno bezoblični predmeti.

Škrinja se polako prazni dok se na dnu, na samom dnu, pa prema tome doslovno tu sahranjen ne pojavi album sa fotografijama. Ona ga izvlači napolje gotovo grubo, kako se radi nešto što je čoveku već prešlo u naviku, što ga više ne privlači i ne oduševljava, i onda počinje da ga lista.

Uskoro dođe do stranica u koje su utaknute male fotografije oca i gosta, fotografije izbledele, potamnele kao da su mnogo starije nego što u stvari jesu. Odeta ih svaku pojedinačno (ima ih desetak) dugo posmatra.

Na jednoj, gost je prestao da čita knjigu u koju se bio udubio, digao je glavu i smeši se. U tom položaju, nesvesno kako to obično čine mladi muškarci, raširio je noge i lepota njegovog tela ukazala se u svoj njenoj silovitosti. Odeta prelazi kažiprstom, malim mršavim kažiprstom po tom telu kao da hoće da ga se priseti a istovremeno i da ga pomiluje. Ta je kretnja brižljiva ali nesigurna i detinjasta koja nespretno traži obris fotografisanog lika sve dok

mu ne okrzne krilo. No, u tom trenutku, odjednom Odeta zatvori pesnicu, stežući šaku.
Ustaje i baca se na krevet zarivši lice u jastuk. Ko bi znao plače li zaista ili se samo šali. No, kada se posle izvesnog vremena okrene na leđa ukočivši se na krevetu, izraz lica joj je potpuno izmenjen: više se ne krevelji, ne smeška se, ne prenemaže, ne zavitlava, ukratko ne izmotava se što je bio jedan njen način odbrane. Lice joj je bezizrazno, ukočeno, nepregnuto: pilji u prazno, u tavanicu, i samo zato što je još uvek pomalo zabezeknuta ne izgleda da je potpuno otupela.

....
....

U mraku koji osvaja sobu kao da ima nekog gotovo svesnog značenja. To je proticanje vremena u ritmu njegove isprazne zle kobi. Veče je stvoreno za obavljanje neodložnih dužnosti i onog ko ih zanemaruje, ubija teret slobode koju smatra svirepom. Mrak je pouka, pouka kojom se povlađuje ocevima i ocevima otaca, tim propovednicima normalnosti i dužnosti. Neminovno, glasi se jedno zvono iako negde bestraga daleko, a čuju se i glasovi mnogo bliži (pomešani možda sa nekom neodređenom muzikom, obeležjem porodičnog života na kraju jednog radnog dana), kao i znaci života u kući.

No, Odeta je po svemu sudeći za sve to gluva i slepa. Ona ne oseća tragičnu pouku mraka i utehu koju on pruža, ne oseća da dužnosti nisu ispunjene, ne oseća strahotnu slobodu zbog ništavila kojim je zamenila svakodnevicu.

Nepokretna je, leži na krevetu lica okrenutog tavanici, ispružena vrata.

U takvom položaju je zatiče nova Emilija kad dođe da je zovne na večeru i upali svetlo. Svetlo zaista neumesno i besmisleno jer ono otkriva stvarnost koja se ne samo ubedljivije može braniti već je i istinitija kad je zaštićena tamom.

Tako nova Emilija, brižna — sa onim svojim krupnim očima koje su neprestano po prirodi unezverene —

prodrma Odetu najpre polako pa zatim, u granicama dužnog poštovanja, malo jače. Odeta je, međutim, ne vidi i ne čuje. Kad joj dodirne ruke — da je ubedi, jadna nova Emilija, da dođe na večeru — primeti da joj je jedna pest, pest desne ruke čvrsto stegnuta.

....

....

Ma koliko to sada može izgledati nelogično, cela porodica je okupljena oko Odetinog uzglavlja (dan je, plima svetlosti plodi se i širi kroz zastakljena vrata). Svako od njih je ipak sam, nema veze sa drugima, sam ispunjava svoju porodičnu dužnost. Tu je stari porodični lekar — on je čak glavno lice — koji čim je završio pregled, gleda to jadno malo stvorenje koje tu leži i nepoverljiv i očajan, prikuplja instrumente.

Na kraju ispružene ruke uz bok i čvrsto priljubljena uz telo, Odetina pesnica...

....

....

Sada se u Odetinom životu više ništa novo ne dešava. Tok njenog života je nepromenljiv, on se zauvek zaustavio na jednoj tački, i to na ovakav besmislen, beznadežan način. Ona je tu, leži na svom krevetu, nepomična, lica okrenuta tavanici, ugaslih očiju u kojima se ne odražava ni najmanje uzbuđenje, osim možda izvesna strepnja. Zuri u prazninu s pesnicom stegnutom uz bok.

No, gle, evo nove Emilije gde bojažljivo ulazi u sobu (u kojoj nema nikog) otvarajući vrata obzirno kao svi jadni seljaci — jer seljanka je ona — koji se uvek osećaju zbog nečeg krivi i neprestano strahuju da nisu na smetnji. Ulazi uplašena pogleda jer ako je ovog puta ona zaista nešto skrivila, to bi bila baš velika i strašna krivica.

Gleda krevet na kojem leži mlada gospodarica, zatim gleda napolje u hodnik, pa ponovo krevet s kojeg to beživotno biće i ne primećuje njeno prisustvo.

Preko usta bezazleno i usplahireno prevali reč: ,,Gospodarice!'', kao da hoće da je upozori da joj preti nova opasnost ili da joj predstoji nova patnja. No, glas joj zastaje u grlu, a oči joj postaju još krupnije, sjajne od ljubavi i od straha.

Najzad se povlači u stranu i u sobu ulaze dva čoveka (koji kao da su u ovu kuću pali s neke druge planete, kao da su bića sasvim drugog kova, s crtama oštrim i grubim pripadnika posebne rase, u belim mantilima, s nosilima). Obzirno, što je u ovom slučaju samo dokaz njihove ravnodušnosti i spretnosti, prihvataju malo Odetino telo (kao da je stvar) i polažu ga na bela nosila. Zatim brzo kako su i došli, izlaze.

Napolju, u dnu parka, neki drugi čovek njihove fele, čeka ih za volanom ambulantnih kola i odmah pali motor. Nosila, s telom koje na njima leži, ubačena su u vozilo, i ono kreće, belo i gotovo nečujno.

Hvata brzinu i nestaje onom istom ulicom kojom se jednog dana izgubio gost, ulicom uvek istom u jedno tiho i sumorno doba dana kad se ne događa ništa.

....
....

Sada Odetu voze na nosilima s točkićima dugim belim hodnikom neke klinike — klinike moderne, bogato opremljene u koju se bolesnici predusretljivo primaju.

Duž hodnika, u magnovenju, naziru se odeljenja okupana podnevnom svetlošću, utonula u tišinu. Jedan beli krevet s jednim bledim licem. Jedan bela stolica u kojoj sedi jedan čovek u pidžami. Jedna bolničarka pridržava jednog bolesnika koji želi da se pridigne pa mlatara rukama i nešto traži. Jedno izduženo i lukavo lice koje prisluškuje, pritisnuto uz uzglavlje i preko oka posmatra Odetina nosila koja vuku hodnikom.

Na kraju hodnik nalazi se Odetina soba, soba u koju je Odeta, ko zna zašto želela da posle svega dođe. I tu završi svoj životni put.

Besprekorno čista, blistava, svetla kao sve ono što je ostvareno s nečistom savešću. Jer, neosporno, to Odetino *droping out* nailazi na odobravanje celog Milana. Postoji nekakav prećutni sporazum između nje i moćnika (ma ko oni bili) koji podižu klinike — klinika je veoma skupa (u Odetinom slučaju) jer i među različitima ima različitih. Šta je to nateralo Odetu da napravi takav ustupak? Da sklopi savez s svojim progoniteljima? Isključivši se iz društva dobrovoljno, tako predusretljivo, spremno i tako reći životinjski lukavo i pokorno da ide naruku onima koji hoće da je isključe? Zašto se isto onako mrgodna i uvraćena u sebe kako je svagda živela, potrudila da uguši skandal koji je sama izazvala?

No, ne može se očekivati da će sada ili ubuduće, Odeta hteti da na neki način zadovolji radoznalost sadržanu u ovim pitanjima. Ona upravo pokazuje da ne mari za one koji je s nosila polažu u njen krevetac.

Ali zato po svaku cenu nastoji — naravno krišom — da stegnutu pest čvrsto drži uz telo.

Pored njenog kreveta nalazi se veliki prozor kroz koji ulazi nežna ali ipak zlokobna svetlost.

Kroz taj prozor može se uživati u prizoru neverovatno sličnom onom koji se nudi oku iz parka pred Odetinom kućom.

S tog velikog prozora vidi se samo desna strana ulice a iznad nje je praznina, jer očigledno tu postoji blagi nagib pa se sve, dakle, završava nebom (svakodnevnim, možda sivim, možda plavetnim, ali nesumljivo bledim nebom). Iz te praznine po ulici sipi neka duboka tuga — gotovo kao da u toj praznini nedostaje nešto što bi, naprotiv, trebalo da bude veselo, na primer obala sa blagim i prijatnim južnjačkim morem, za duga, zaista vesela letovanja. No nije to ono najvažnije. Nije važna ni stvarnost tih kuća — luksuznih zdanja oko jedne luksuzne klinike, ni ljubomorno čuvan privatni život tih porodica milanskih samostalnih preduzimača i industrijalaca čije su roletne uvek spuštene i samo se neka služavka usudi da se povremeno začas pojavi na prozoru da bi opet odmah nestala u neprobojnoj senci unutrašnjosti kuće.

Sve to uopšte nije važno iako, ma koliko zagonetno, ima neki smisao i, ma koliko tužno, ima neku predistoriju.

Važno je samo ono što jeste, a ono što jeste — ono je što se ukazuje. To što se ukazuje, ta predstava, tajanstveno je geometrijska, iako je nepravilna. Svaka tačka stoji na tačnom rastojanju od svake druge tačke. To rastojanje treba izmeriti a to je dugotrajan posao, jer tačaka je bezbroj. Na primer, ima tačno sto pedeset prozora (sa spuštenim ili poluspuštenim roletnama) od kojih je četrdeset sa balkonima. Samo na jednom prozoru visi kao mrtvac, crveni ćilim. Vrhova stabala — gotovo sva su četinari — koji iz malih perivoja ispod kuća dopiru do prvih spratova, ima sedamdeset i pet. Uglova na zgradama trideset, zidova dvadeset. Od tih dvadeset zidova, tri su obložena, pločicama nežne boje lešnika, sedam zidova je sivkasto od mermera ili od veštačkog mermera, šest je ružičasto, samo su daleko pa se teško razaznaju, četiri zida su svetle ljubičastoružičaste boje i prema njima zagastio zelenilo jelki koje se viđaju o Božiću, izgleda još turobnije.

Uličnih svetiljki — pri vrhu gotovo kaćiperno povijenih kao u luna-parkovima sa sijalicama od mlečnog stakla za neonsku svetlost — ima šest. One nestaju sa vidika jer se spuštaju niz nagib ulice u kojoj se nalazi klinika. Možda se na kraju te ulice nalazi crkva jer se odjednom začuju zvona, svečano oglašavajući, višeglasno slaveći neki predstojeći praznik, pa ipak je njihovo zvonjenje nekako tužno, jer je lažno razdragano.

Odeta upire pogled u svu tu prazninu ispunjenu pred stavom te arhitekture i tim zvucima. Pesnica uz njen bok je grčevito stegnuta.

5

RANE GNOJNICE

Prošlo je još neko vreme (možda dani, možda meseci a možda i godine). Emilija još uvek sedi na onoj klupi naspram crvenkastog zida, potpuno sluđena kao da je u vlasti neke nečiste sile. U međuvremenu nešto se oko nje promenilo, u seoskoj kući crvenoj, ratobornoj i mirnoj kao napušteno vojno vežbalište. A možda su se ukućani svikli ne samo na to njeno tako neoubičajeno prusustvo, već je u njima postepeno sazrela misao o potrebi da budu predusretljivi prema svojoj rođaci i pobožno joj odani.

I zaista — jer onaj ko je sujeveran uvek je u svom sujevreju realan — pored Emilije koja sedi, na jednoj od onih kao krv crvenih cigli male suhomeđine plaminja voštanica — kao ispod neke svete slike, skromna sveća koja se u prvi mah našla pod rukom, ni u kojem slučaju svečarska. Upaljena tu tek da bi se obeležio i osmislio događaj. Starice iz kuće su zatim uspostavile prisan odnos sa tom novom Emilijom. Više sumnjičavo ne osluškuju iza belih zavesica, već su izišle u dvorište i jedna pazi na Emiliju, druga posluje — potpuno saživljene sa pojavom do koje je došlo u njihovoj kući, pored te Emilije koja ćuti kao zalivena, zamišljena, sva u nekom grozničavom stanju.

Ne izgleda ništa neobično ni to što se kroz veliku kapiju iza kuće s belog kolskog puta koji zmijulja zelenim poljem zasađenim topolama, približava grupa starica i staraca koji gotovo podsećaju na hodočasnike.

To su očigledno susedi ili ljudi iz nekog obližnjeg sela čiji se zvonik s visokom smeđom kupolom prošaranom crvenim žilicama (i raskošnim i trošnim ornamentima iz vremena Kontrarevolucije) tamo dole providi kroz drvorede topola. Pridošlice se približavaju kao u nekoj vrsti procesije dok se najzad ne okupe i ne stanu ukrug oko Emilije. Usred te grupe — sada je vidimo jer su se ostali odmakli — stoji jedna žena srednjih godina, starolika (u prazničnoj crnoj odeći, sa svilenim čarapama na nogama i čipkastom koprenom na glavi) s bolesnim detetom u naručju. Detetovo lice je izmučeno, postiđeno, puno crvenih ranica ili gnojnih krastica.

Po svemu sudeći, Emilija niti šta vidi, niti šta primećuje. A kad joj se pogled najzad zaustavi na bolesniku, ona ga posmatra kao nešto nestvarno, kao priviđenje. Pa ipak dugo, veoma pomno na njemu zadržava pogled — kao da obavlja neku, na izvestan način više birokratsku nego uzvišenu, svetačku dužnost. Uzima učešća u obredu u kojem upravo ona igra ulogu svetiteljke na isti onaj način na koji ga drugi prihvataju, što znači gotovo kao nešto ozakonjeno, kao jedan čin u nizu radnji koje služe čvrsto fiksiranoj, slepoj svetinji. Najzad — odsutno i gotovo pakosno — Emilija polako prekrsti okuženo dete.

Oči svih seljaka uprte su u dete u očekivanju da se desi ono što se zaista i dešava: dete počinje da pokreće ruke i noge, da gleda majku i plače pokušavajući da se iskoprca iz njenog naručja. Ono se sulja niz njen bok dok najzad nogom ne dotakne zemlju. Sva ustreptala, lica ozarena božanskom milošću i nasladom, majka mu ne brani da to čini, naginje se prema njemu i posmatra ga. Mališan kroči na tlo, stane pravo tek se malo tetura. Lice mu je nežno, umilno, kao da je tek izmiveno vodom snežnicom. Rane gnojnice koje su ga bile unakazile nestale su bez traga. Tada svi koji su se bili slegli oko kuće padaju ničice i na sav glas radosno kliču u znak blagodarnosti.

6

JOŠ NEŠTO O PJETRU

Pjetro je sam u svojoj sobi. Sedi na krevetu na kojem je spavao gost i na kolenima drži debelu knjigu s reprodukcijama iz savremenog slikarstva koju su neki dan dva momka zajedno razgledala.

U toj knjizi Pjetro, pažljivo i željno listajući stranice, traži nešto što ga zaista zanima ali što u žurbi nikako ne može da nađe. To je reprodukcija Luisove slike. Najzad je nađe i počne da je posmatra tako neobično priljažno kao da po svaku cenu nastoji da pronikne u njenu tajnu ili kao da će ako otkrije ključ njene zagonetke, otkriti i značenje njenog proročanstva.

No kakav odgovor mu može dati ta bedna reprodukcija jedne imažinističke slike iz 1914?

Nikakav, jer upravo sada izgleda da je ona izgubila svu draž dela koje nešto saopštava, da u njoj više nema onog naboja značenja i sjajne punoće smisla koja je osvojila i gotovo potresla Pjetra kad ju je prvi put zajedno sa gostom v deo.

Te površine boja (tako velelepno stišane kao da je materijal na koji su nanete kičicom, blagorodan upravo zato što je običan, to jest karton ili jeftina hartija koja lako požuti), ti silni ocrti, te konture izvučene jednim jedninim pokretom ruke u cilju ,,razgrađivanja" stvarnosti jednom tehnikom koja je pomalo kubistička a pomalo futuristička, a u stvari nije ni kubistička ni futuristička — koja, rečju, pripada jednoj vrsti civilizacije ,,razgrađivanja" (ali razgrađivanja u stvari čistog a nikako razbarušenog, kakvo nalazimo kod starih majstora zanata — što govori koliko su bili strogi avangardni pravci u prvoj polovini dvadesetog veka) sada mu se čini kao da je sve to propalo, obezvređeno, lažno, osiromašeno.

To je sada samo nešto lepo, otmeno ali ubogo: mala isprazna zagonetka pošto je njen smisao imao istorijsko obeležje koje je očigledno izgubilo vrednost pa prema tome stoji tu kao kakva relikvija koja se ni na šta ne odnosi, koja ni sa čim nije u vezi.

Pa ipak, Pjetro se u nju udubljuje svim bićem kao da u njoj traži značenje koje ne bi bilo isključivo istorijsko, ne značenje na koje se svi ti tako strogi i tačno određeni znaci i odnose, već i značenje koje je za njega imalo težinu i zbog kojeg je ta slika bila otkriće samo pre nekoliko nedelja ili pre nekoliko meseci.

7

KOPRIVE

Zvona u svim selima u niziji Basa oglašavaju podne. Tišina među topolama od toga postaje svečana — kako i treba, i nešto veoma prisno prožima stvari koje sve počinju da upućuju na spokojstvo, na red, na umirujuće vrednosti drevnih običaja.

I u dvorištu kuće u kojem Emilija sedi nepomično na klupi, glas podnevnog zvona donosi osećanje razdraganog spokojstva. Spokojni je čas kad treba prileći, ručano je doba.

Vrata s belim, platnenim zavesicama se otvaraju i kao da je u pitanju neki obred, kroz njih izlaze iz kuće starice koje poslušno prati dvoje dece starmalog lica. Oni nose Emiliji ručak.

To je ukusno poslužen ručak, iznose ga na poslužavniku, verovatno od plastične mase, islikanom krupnim cvećem — za razliku od ručkova koji se nose ljudima na poslu a koji su uvijeni u marame vezane čvorovima. Tu je pile, kobasice, bareni maslačak u zdeli i tanjir svežeg paradajza.

Ponosne na to jelo koje su same pripremile, odlučnim ali ne i žurnim korakom, žene iz kuće nose ručak svojoj svetiteljki. A deca rumena i ućutkana prate sa uobičajenim interesovanjem obavljanje jednog posla istovremeno toplo prožetog nečim osveštalim i prisnim.

No ovog puta, kako odrasli, tako i deca doživljavaju neočekivano razočaranje.

Emilija popreko gleda jelo koje joj je na malom poslužavniku ponuđeno pa i ne trepne, ni jedan mišić na licu joj se ne pomeri.

Kao da se obraćaju gluvonemoj, ženskinje tada počne da maše rukama, da razgovara prstima što je trebalo da znači: ,,Evo, evo ovde, gle koliko je punih tanjira, hajde, de, jedi, prihvati se." Međutim ništa. Štaviše, Emilija odvrća pogled od hrane i zagleda se u razninu. Žene počinju da brinu, osećaju se veoma neprijatno. Naročito je najstarija, jadnica, odvuglih očiju kao u uplakane devojčice, upornija od drugih. Upravo ona — koja bi s obzirom na svoje godine trebalo da bude i te kako svesna da se najzad ništa na ovom svetu ne obavlja pod moranje i da živeti nije dužnost — trudi se da nagovori Emiliju da jede, da se bar malo prihvati da bi se održala u životu. Pri tom se služi onim istim razlozima kojima se, da nešto pojede da ne propadne, ubeđuje onaj kome je tek umrlo neko blisko biće pa ga oplakuje, da se s tim pomiri jer ima prava i on da živi.

No Emiliji se nikako ne može dokazati, nasuprot nekom bliskom kući u žalosti koje smatra prirodnim da mora prihvatiti ono što ga je zadesilo i da sam ima prava na život. Ne, Emilija ništa ne čuje. Đavo će ga znati šta se to kuva u onoj njenoj tvrdoj glavi svetiteljke.

Pošto je ženska čeljad predvođena bakom — pred zbunjenim pogledom dečkića i devojčice — neprestano usrdno nutka, Emilija preki pogled koji se prozlio od bola, upire u svaku rođaku posebno i najzad polako diže ruku pa pokazuje nešto na jednoj strani gomile krša i crvenih cigli. To je busen kopriva.

8

OPET KOPRIVE

Dvoje dece iz seoske kuće (njih je samo dvoje dok je starijih bar dvanaestoro: a jedini muškarac, još prilično mlad, njihov je kao od brega odvaljeni otac) nalaze se na poljani pred kućom i svi su se dali na posao koji neobično mnogo podseća na nekakvo dečje baktanje sitnicama i igrarije koje se opisuju u bajkama.
Oni beru kopirive.
U svojoj pristojnoj seljačkoj nošnji, već gotovo sličnoj gradskoj odeći, ćuteći i pažljivo beru koprive. Samo se devojčica povremeno vajka jer joj kopirve žare prste. Dečak u ruci drži grne. Ono je već gotovo puno. Pognuti su nad zelenom ponjavom trave — koju su isprale nedavne kiše pa podseća na travu iz dečjih slikovnica. A okolo, tako zelene da te od toga spopadne vrtoglavica, prostiru se livade okružene pravilnim redovima topola pomešanih grana kroz koje se provide njihove krošnje.
Usred tog mora zelenila — upadljivog kao na jugu ili u središtu Afrike — pa ipak bledog, savršeno čistog, jače se ističe rumena boja seoske kuće sa njenim neobičnim drevnim oblicima koji izgledaju gotovo osobeni zbog njihove strogo ograničene namene — kuće slične kasarni sa stražarnicama, astronomskim opservatorijama, napuštenim utvrdama i kulama koje isključivo služe za ukras.
Čim su napunili grne, smešni i ratoborni, dečak i devojčica, kroz veliku okruglu kapiju, vraćaju se u dvorište pred kućom.
I gle, tamo u pozadini, naspram starog, trošnog ružičastog i crvenkastog zida, u crnom džemperu, na klupici nepomično sedi Emilija.

Deca se upute prema njoj. Na dužnom rastojanju stanu i sviknuto — jer očigledno odavna to rade — stavljaju na zemlju grne puno kopriva i daju se na posao ne bi li zapalili vatru na nekakvom malom ognjištu od starih crvenih cigli sa gomile krša, ognjištu već punom pepela odranije redovno paljenih vatri.

Vatra zaplamti umilno i prisno, voda u grnetu baci ključ i koprive počnu da se kuvaju. Kroz nekoliko trenutaka već su obarene i puše se.

Neke od onih starica iz kuće dolaze već po navici — ali razočarane i ucveljene — da prisustvuju obredu, ali stoje smerno malo podalje.

Druga grupa starih seljanki nailazi kroz kapiju i prilazi im tiho prebirajući krunicu. Tako mrmljajući molitvu, i one se okupljaju oko ugla koji je svetiteljka odabrala kao sedište svoje samoće.

Dvoje dece, spetljane od stida (u ruci drže i drevnu kašiku koju je devojčica izvadila iz džepa kaputića) prinose, dakle, Emiliji zelenu čorbu i nude je.

Emilija ih gleda mrgodno ograđena strgošću svoje svetosti. No u njoj ima nečeg čudnog, čak neobičnog, nesumnjivo je reč o jednoj pojavi s gotovo magijskim, čarolijskim obeležjem. Koliko je to u vezi s jednom svetiteljkom (ako je Emilija svetiteljka) teško je reći...

Usled stalnog kusanja kopriva, isključivo kopriva, svaka površina njenog tela obrasla maljama, trepavice, obrve i kosa pozeleneli su. I koža joj je postala zelenkasta, naročito oko očiju.

No ono što najviše privlači pažnju je njena glava, to jest njena trajna ondulacija sada potpuno rasturena, kosa izvučena na čelo, gusta, našušurena, nakovrdžana i osmuđena iza ušiju u kojima sijaju dve zlatne minđuše koje je dobila na dan prve pričesti.

Ta trajna ondulacija služavke sa sela sigurno nije pozelenela kao koprive zato da bi se to njeno ćutanje i ta njena uvređena usamljenost obojili dužnim dostojanstvom svetiteljke. I zaista, starice iz kuće gledaju je brižno i izdišu. Njih je združila i zbližila ta dotad neznana nesreća, bolje reći kob pred kojom su nemoćne.

No, Emilija, zaneta, u mislima daleka, setnih očiju koje ništa ne vide, polako prinoseći kašiku ustima, jede zelenu hranu i tim postom ogorčeno ispašta svoj greh.

9

VOKACIJA I IZRAŽAJNE TEHNIKE

Pjetro se nadneo nad bele listove hartije. Crta. Toliko se strasno udubio u crtanje (crta neku glavu koja liči iako je, razume se, crtež nevešt, na glavu gosta) da zaboravlja da je sam i govori glasno, stavlja primedbe i ocenjuje to što radi. Nezadovoljan je. Nezadovoljstvo i razočaranje tim crtežima odražava mu se na grčem izobličenom licu kao i promuklošću.
Najzad pocepa u paramparčad, gužva i baca hartiju na kojoj crta.

....
....

Pjetro opet crta. No sada je naredio da mu u sobu unesu veći sto koji je pretrpan listovima hartije i olovkama.
No iako je sada bolje opremljen, ipak nije zadovoljniji onim što uspeva da uradi.
Počinje na novom, čistom listu — kao da ga je, u njegovoj detinjastoj, žilavoj istrajnosti, ozarilo gotovo detinjasto nadahnuće. No zatim, postepeno kako se crtež uobličava (to je još uvek glava gosta), obuzima ga nezadovoljstvo, spopada ga gnev koji ubija nadu i guši dobru volju. I on nastavlja da glasno razgovara sa sobom (promuklim neartikulisanim i plačevnim glasom kojim čovek govori upravo kad je sam i kad ne mora da drži do sebe). Osuđuje svoje greške nemilosrdno i prezrivo, stavlja pakosne primedbe na svoj račun, viče: „Sranje!" da bi najzad sebe ispsovao, nazvao se maloumnikom, nesposobnim tipom, govnarom.

Pjetro je opet pognut nad hartijom i crta. No sada u parku na ogromnoj hartiji (napravljenoj od raznih papira zalepljenih na panel-ploči) koja neosporno ne bi mogla da stane u sobu. I zaista, ta podloga za slikanje prekriva veliki deo travnjaka. Pjetro ne crta više olovkom, već maže debelom četkicom — nagnut nad tom hartijom kao oni majstori koji popravljaju patose.

No još u sebi zlurado jadikuje — džandrljivo gunđa da taj crtež opet ne liči na gosta, ne, ne liči, nikad i neće ličiti — i ako i bude na njega ličio, to će ipak biti samo ogavno i besmisleno ostvarenje — da je to bio promašaj u početku (razmahao se sa četkicom u ruci) i da će promašaj i ostati. Sirota nova Emilija koja mu je donela koka-kolu zatekla ga je kako uveliko razgovara sa sobom. I kao svaka služavka obzirno sluša smele planove koje njen mladi gazda sprema za budućnost: on će ih ostvariti po svaku cenu, postaće autor, slikar, stvaralac. No posle smelih uveravanja da će se za to i izboriti — uveravanja datih služavki ispunjenoj dubokim poštovanjem — sledi odmah potmula ironija i sumnja, hladno mozganje o mori koja ga obuzima.

Crtati... slikati... postati autor: međutim, to samo znači stati pod reflektore, izneti sebe na pazar, izložiti se opasnosti da dođeš u dodir s jednim svetom koji treba da sazna sve o onome ko mu se predstavlja, i da to sazna ne vodeći računa o njemu gotovo kao da je on predodređeni izaslanik neba. I tako ne vidi da je usamljen, veruje da je stvoren da živi javnim životom u nekom prostoru u kojem nema, što je upravo ovde slučaj, ni trunke sažaljenja.

Da i ne govorimo kroz kakva ponižavajuća iskušenja treba da prođe jedan umetnik! Kakav jad i beda ta četkica s tim njenim malim igrama i zavitlavanjima s konturama i mrljama i razlivanjem boje preko linije crteža na komadu zalepljene hartije! Kakvim ubogim oruđem, kakvim bednim sredstvima umetnik treba da se služi! Kakva detinjarija je ta tehnika, taj neizbežni trenutak praktičnog i zanatskog rada, ta pognuta leđa nad hartijom kao u kakvog štrebera, školarca i ubeležavanje znakova, ubeležavanje znakova na njenoj belini, tako predano, marljivo, uvek kao da je to prvi put, isplažena jezika, zanesena pogleda dok užasan stid prožima celo telo koje se upotrebljava, koristi kao da je krojačka lutka.

....
....

Pjetro se još uvek grbavi nad hartijama i ispituje mogućnosti nekih novih tehnika, pokušavajući da prevlada sramotnu ustaljenost normalnih tehnika.

Okružen je razbacanim, bez ikakvog reda ispreturanim uljanim bojama, bojama za akvarel, temperu, pastel. No najuzbudljivije su ipak gomile *potpuno prozirnog* materijala: celofan, debeo ili tanak, flis-papir, gaza i staklo, naročito staklo.

Ispitujući mogućnost tih novih tehnika — u tom parku sam samcit kao prebijeno pseto — Pjetro se, naravno, nije oslobodio navike da sa sobom razgovara, da ocenjuje, da se žali, da stavlja primedbe na ono šta radi. A ono šta radi odvratno mu je i neprestano ga ispunjava gađenjem. Na kartonskoj podlozi četkicom ocrtava oblik jedne glave (je li to još uvek glava gosta?), zatim lepi na kartonu sa tom šarom (lepilo je žućkasto, on se i ne obazire što mu se preko granice crteža razliva još sveže ulje) prozračni sloj gaze i četkicom umočenom u tirkizno plavu boju, stavlja dve mrlje na mesto gde pretpostavlja da bi mogle biti oči. Zatim opet, ne mareći što će se možda opet ulje razliti, preko kartona i preko koprene gaze stavlja veliki komad stakla i po njemu, četkicom umočenom u svetlu sepiju, crta oko plavih mrlja na gazi (koje se provide kroz staklo) i u crnoj konturi na kartonu (koja se providi kroz staklo i gazu) krugove očiju.

Smeje se, smeje. Smeje se mazotini koju je dobio — ogorčen, nezadovoljan sobom, iskreno ga zabavlja njegova nesposobnost, napet je, razdražljiv, razočaran.

U Pjetrovoj sobici nalazi se velika hrpa crteža i slika (vratio se malim formatima i zato je ponovo ušao u kuću). Nadahnut, prenapregnut, očaran, Pjetro kleči nadnesen nad svojim materijalom koji sada stoji na nekakvom velikom pultu (a pošto je to opet prozračni materijal i sam Pjetro se nazire kroz sliku koju upravo radi). Kad je oslikao prvo staklo, Pjetro ćuteći preko njega stavlja drugo staklo tako da se na prvoj slici u jednoj boji, providi druga slika u drugoj boji.
Dok to radi, Pjetro se kreće mehanički a pokreti su mu nadahnuti i zaneseni. Glas kojim neprestano sebi stavlja primedbe na svoj rad, sada je bezbojan: tih, gotovo nečujan, tačno prati te pokrete.
Treba pronaći nove tehnike — koje su neprepoznatljive — koje ne podsećaju ni na koju prethodnu operaciju da ne bi ispao detinjast i smešan. Treba izgraditi samosvojni svet s kojim se ništa ne može uporediti, koji ne podleže ranijim merilima vrednosti. Merila vrednosti treba da budu nova kao i tehnika. Niko se ne sme dosetiti da je tvorac dela obična ništarija, da je nenormalan, da nema nikakvih vrednosti — da se kao crv uvija da opstane. Niko ne sme da otkrije da je neiskren. Sve treba da se prikaže kao savršeno, zasnovano na *nepoznatim pravilima*, a prema tome i kritici nedostižno. Kao što to biva s radom ludaka, da, kao s radom ludaka. Staklo preko stakla, jer Pjetro nije u stanju da ispravlja — samo to niko ne sme da primeti. Jedan znak naslikan na staklu, ispravlja drugi znak prethodno naslikan na drugom staklu, a pri tom ga ne prlja. No svi treba da budu uvereni da to nije izvrdavanje jednog nesposobnog *nemoćnog* slikara: naprotiv, da je to svesna odluka, nepokolebljiva, smela, uzvišena i gotovo drska odluka, da je to jedna tehnika tek pronađena a već nezamenljiva. A ne da su to samo celofan i gaza zalepljeni na staklo i da se kroz sve to providi nešto malo znakova na kartonu koji su slučajno uspeli posle hiljadu mukotrpnih pokušaja i hiljadu pocepanih kartona.

Niko ne sme saznati da je jedan znak uspeo slučajno. Slučajno i nakon silnog strahovanja i da ga, čim za divno čudo uspe, treba zaštititi i čuvati kao hostiju u tabernaklu. No niko, niko ne sme to da primeti. Autor je bedni uplašeni idiot. Bezvezan tip. Prepušten je slučajnosti koja ga nosi čas na jednu, čas na drugu stranu. Život mu je sveden na smešno i neveselo tavorenje dana kao svakom onom ko je ponižen osećanjem da je nešto zauvek izgubio.

....
....

Potpuno se promenio — to jest, ubledeo je, omršaveo, zarastao u kosu i na njegovim još uvek golim obrazima, duž zalizaka pojavile su se prve ružne malje i obučen je drukčije, zapustio se, prljav je. Takav Pjetro napušta svoj dom. Bez reči pozdravlja majku Lučiju i svog oca, Paola. I izlazi. Nova Emilija krupnih, odvuglih, sažaljivih očiju hoće da mu uzme prtljag i pomogne mu. No, Pjetro je preduhitri, dohvati prtljag, vreću i ne osvrćući se izlazi.

Ide pravo već poznatom ulicom pred njihovom kućom, ulicom kojom se izgubio gost. I on se njome gubi, narušivši, neosetljiv, neveselu i odvratnu tišinu koja u njoj vlada.

....
....

Pjetro se (u novom ateljeu koji se neosporno nalazi u središtu grada) nadneo nad tek dovršenu sliku. To je prosto jedna površina oslikana plavom bojom (onom istom plavom bojom kojom su obično slikane oči gosta). Upravo plavo urezalo mu se u sećanje. No isključivo to plavo nikako ne može biti dovoljno... Plava boja je samo jedan od sastavnih delova slike. Ko može Pjetru odobriti takvo kasapljenje? Kakvim ideologijama — pita se on — može da se ono opravda? Pa onda, zar nisu bili bolji prvi bedni pokušaji slikanja verodostojnih realističkih portreta? O, evo u kojem grmu leži zec: površine isključivo oslikane plavom bojom kao i realistički portreti nisu ništa drugo do isprazne smešne izlike. I on ne slika i nikad nije slikao da bi izrazio ono što je u njemu, već verovatno samo zato da bi svima stavio do znanja da je nemoćan.

Odjednom se ispizmi na svoj rad, strahovito se nad njim zgrozi — samo ipak pomalo prostački staložen, ne gubeći glavu kao oni ljudi koji dobro proračunaju šta će uraditi — i pošto pored svoje slike čučne, ustane, otkopča šlic i na nju se pomokri.

10

DA, SVAKAKO, KO O ČEMU MLADI...

Da, svakako, ko o čemu mladi inteligentni,
iz imućnih porodica,
razgovaraju o književnosti i o slikarstvu.
Možda o tome razgovaraju i sa prijateljima iz nižeg
                                                    staleža
— malo prostijim, ali koje zato još više
razjeda častoljublje? Da, razgovaraju samo
o književnosti i o slikarstvu,
te bitange i bundžije, spremne da sve dignu u vazduh,
ti koji su svojim mladim zadnjicama već počeli
da greju kafanske stolice, već zagrejane zadnjicama
                                                      hermetičara.
Ili o tome razgovaraju šetajući (to jest špartajući
onim pločnicima uzvišenim u starom delu grada kao
                                                  vojnici ili kamenjarke)
ti prevratnci koji boluju od građanskog snobizma
— pa i pored njihove svekolike iskrenosti, idealizama,
sklonosti prema akciji: to jest pored bolnih seni
Jesenjina ili Simona Vajla u duši?
No da vidimo: bilo da dolaze oznojeni
iz malih stanova sa bednim
čaršavima osmuđenim peglom i sa ormanima
koji staju nekoliko hiljada lira potajno voljenog oca
— bilo da naprotiv dolaze iz kuća okruženih
oreolom bogatstva sa gotovo božanskim običajima,
poslugom i snabdevačima — sve te mlade literate
oznojene su, blede kao ljudi u godinama
ako ne i kao starci, ofucali su se, nemaju draži,
osećaju neodoljiv prohtev za teškom hranom,

vole vunenu odeću, naklonjeni su bolestima
sa kužnim zadahom — zubobolji, crevnim tegobama —
nemaju redovnu stolicu: rečju i oni su malograđani
kao njihova braća, sudski činovnici ili stričevi trgovci.
Jedna jedinstvena velika porodica potpuno lišena ljubavi.
Povremeno u tu porodicu naiđe
Obožavani. No za divno čudo:
i On kao drugi govnari
priziva (od početka prošlog veka i
posle kraćeg prekida između 1945. i 1955.
sve do naših dana) Boga istrebljenja koji će
uništiti njega i njegovu društvenu klasu.
I ja ga prizivam!
I već se jednom to prizivanje čulo.
Ispijeni mladići sa šalovima marke Siju,
tobože mladi Torinjani
već iznureni u kaputima od plavog lodn-štofa,
oni koji prenebregavaju gramatička pravila,
pitomci Kastra koji štrajkuju glađu u Monci,
novi članovi pokreta „običnog čoveka" u bundama,
                                                         ljubitelji
Brandemburških koncerata kao da su otkrili
neku antiburžoasku formulu, zbog koje besno sevaju
                                                         očima,
ponešto osorne demokrate uverene da samo
prava staje za vrat lažnoj demokratiji: anarhisti,
plavušani koji potpuno naivno
brkaju dinamit sa svojom krepkom spermom
vrzmajući se sa velikim gitarama ulicama
lažnim kao kulise, u čoporima kao šugavi psi, tipovi
                                                       Pjeroa,
sa Univerziteta koji kreću u opsadu svečane dvorane
i zahtevaju da im daju vlast pre no što se nje jednom
                                                      zasvagda
odreknu, gerilci sa njihovim borbenim curama uz bok
koji su zaključili da se Crnci ne razlikuju od Belaca
(ali možda ne i Belci od Crnaca): svi oni
pripremaju isključivo došašće
jednog novog Boga Istrebljivača,

obeleženi nesvesno kukastim krstom
a ipak oni će, sa pravim bolestima
i u pravim ritamima, prvi ući
u gasnu komoru: zar nije to ono što upravo žele?
Zar ne žele uništenje i to najstrašnije
i njih samih i društvene klase kojoj pripadaju?
Ja, sa mojim malim penisom koji je sama koža i malje,
koji, doduše, može da radi danju ali ipak je
zauvek pokunjen pred penisom kentaura, teškim i
         božanskim,
ogromnim i skladnim, nežnim i silnim,
lutajući najskrovitijim kucima moralnosti i osećajnosti,
ja se borim protiv jednog i drugog, tražeći da ih uklone
(moralnost zabludelu, osećanje zabludelo
usvojeno namesto onih pravih). Sa odglumljenim
         nadahnućem
pa prema tome važnijim od onog izvornog
kojem je, po pravilu građanske klase, suđeno da bude
         ismejano,
nalazim se, dakle, u jednom mehanizmu
koji je uvek na isti način funkcionisao.
Građanstvo je oštroumno i obožava razum
pa ipak, pošto mu je i samom nečista savest
lukavo i vešto se samokažnjava i samouništava. Delegira
tako kao poslanike za sopstveno Uništenje
glavom svoju odrođenu decu koja
(neka govnarski zadržavaju
isprazno građansko dostojanstvo nezavisnog literate,
ili upravo reakcionarnog i udvoričkog literate,
neka, naprotiv, idu upravo do kraja i propadaju)
prihvataju taj mračni mandat.
I počinju da prizivaju pomenutog Boga.
Dolazi Hitler i Građanstvo je srećno.
Kažnjeno, gine od sopstvene ruke.
Stiže ga kazna od ruke njegovog sopstvenog Heroja zbog
         sopstvenih krivica.
Ko o čemu, omladina iz 1968. — zarasla
u kosu i odevena u Eduardovom stilu, u stilu
pomalo vojničkom, u odeći koja pokriva udove jadne

kakav je i
moj ud, ko o čemu ta omladina o književnosti i o
slikarstvu.
— Ne znači li to samo da iz najmračnijih dubina
malograđanštine priziva Boga
Istrebljivača koji je ponovo kažnjava
za grehe još veće od onih koji su počinjeni 1938?
Samo mi građani umemo da budemo huligani
i mladi ekstremisti, preskočivši Marksa i obukavši se
na buvljoj pijaci, samo mi umemo da se deremo
kao generali i inženjeri a protiv generala i inženjera.
To je međusobna borba.
Ko se zaista živ pojede i skonča,
odeven kao mužik, još ne navršivši ni šesnaestu,
jedini bi možda bio u pravu.
Drugi se međusobno kolju.

11

OVDE SE OPISUJE KAKO GOSPODIČIĆ PJETRO NAJZAD GUBI I IZDAJE BOGA

Pjetro stoji nasred svog prostranog ateljea i žmuri. Zažmurio je od jeda i zato su mu se svuda oko očiju pojavile bore. Usta su mu poluotvorena i iskrivljena od besa. I tako žmureći, kreće se kroz mlečnu svetlost tog bogatog ateljea slikara buntovnika. Naslepo, pipajući ide prema zidu uz koji su naslonjena neislikana platna, uzima najpre jedno, pa drugo: bira jedno platno čije dimenzije mu se čine da će odgovarati operaciji koju upravo namerava da izvede.
Posrćući, nosi platno nasred ateljea i polaže ga na tlo. Zatim, još uvek žmureći, sve odlučnije i upornije žmureći, ide prema drugom uglu velike prostorije. Rad je sada mnogo složeniji i dva, tri puta samo što nije pao: bira boje. Pipajući, prelazi preko boja za akvarel, ulja, lakova, najzad dolazi do onoga šta traži. To je gomila limenih kutijica. Promeša ih — onako kako se smešaju karte ili kocke da bi slučaj odlučio o izboru — zatim jednu odvoji. Zatvorena je. Znači, treba da je otvori. Kao pijan ide prema stolu, ali izgubio je moć snalaženja i iz petnih žila se trudi da uspostavi ravnotežu. Najzad u tome uspeva. No sada mora da nađe sanduče i u sandučetu alat kojim će kutijicu otvoriti. Evo odvijača. Sa njim, na jedvite jade probuši kutijicu.
Sada treba da ponovo ode do sredine ateljea, do slike ostavljene na patosu. Pjetro je najpre tražio vrhom noge kojom korak po korak, istražuje sve što se nalazi okolo. Zatim se saginje i četvoronoške gotovo puzi po patosu — ali to mu nije lako jer u jednoj ruci mora da drži kutiji-

cu. Najzad nabasa na platno prostrto po podu. Likujući, on ga napipa. Dodirujući ga dlanom, pokušava da mu nađe sredinu. Iznad sredine platna, diže kutijicu, zatim sasvim polako ustaje, pokušavajući da održi kutijicu u istom položaju. Kad stane na noge, brzo prevrne kutijicu i pusti da iz nje onako nasumce isteče malo tečnosti na sredinu platna. Mrlja — svetloplava — na tom mestu se proširi a oko nje boja prsne i rasprši se u sitne kapi. Tada Pjetro položi kutijicu na pod i uzme tako oslikano platno. Jednako se povodeći kao da je pijan i ne mareći što tečnost kaplje, potraži slobodan zid u koji je svakako ranije bio ukucan ekser. O njega okači sliku. No još ne otvara oči da bi je pogledao. Naprotiv, vraća se nasred ateljea još uvek žmureći, razvučena i naduvena lica s osmehom punim nekog dubokog i zluradog zadovoljstva...

12

JOŠ NEŠTO O LUČIJI

Lučija dovršava šminkanje i češljanje pred ogledalom pred kojim se svakodnevno odvija taj ritual. No ona je nesumnjivo u mislima negde daleko. I zaista, pošto je mirno i s dužnom pažnjom završila češljanje i kosu, kao neke zaista bogate gospođe i neke dame otmenog roda, namestila po pretposlednjoj modi, s talasima koji joj padaju na oko i gotovo ga pokrivaju s pomalo detinjastom, izveštačenom i u neku ruku kurvarskom profinjenošću — ojađeno baci češalj među skupocene stvarčice na toaletnom stočiću.

Tako ojađena ustaje. Zatim uzdiše i gotovo ironično (ta ironija je potpuno neprimerena njenom licu popularne junakinje priče), od čega joj se prividno rastežu crte lica, oblači kaput ili bundu i izlazi.

Na ulici, pred kućom čekaju je njena kola. Ona uđe, kao uvek mirno ali istovremeno i naglo, upali motor i krene.

I ona nestaje, tamo dole, tihom ulicom kojom je nestao gost. I nju su progutale one pustošne a nadmene kulise bogataških kuća kojima je dužnost da od sebe ne daju ni znaka života.

Ostaje samo goli dekor, pokazatelj jedne nestvarnosti koja konkretno izgleda kao predgrađe grada mrtvih čije kamenje, čiji cement, čije drveće tvori prizor nepomičan, na suncu, koji ispunja morom i vređa samim svojim prisustvom.

....
....

Svet kroz koji automobil jedne dame može da prođe kad cilj vožnje više nije predviđen i utvrđen navikom koja se ne može zanemariti, već ga pred nju postavlja greh, oslanjajući se na slučaj — uprkos promeni situacije, najprozaičniji je, jadan i svakodnevan.

Lučija bezvoljna i očajna, dakle, vozi. Ona vozi gradom u potrazi za nečim što će svakako naposletku uspeti da nađe ali što veoma dugo, čak ceo bogovetni dan, izgleda nemoguće čudno.

Ona je grešna (vozi gradom očekujući čudo dok su svi ostali obuzeti svakodnevnim ništavnim sitnicama koje ih ošamućuju): ali, taj greh je počinila koristeći se pravom koje joj, po njenom mišljenju, pripada. Zato gotovo bezočno (u granicama koje joj dopušta njen izgled, blago lice mlade Lombardijke, u koju je posebnim vaspitanjem usađeno osećanje milosrđa, poštovanja, ali i nekakvo bezazleno licemerstvo), guši u sebi svaki nemir, stid, svaki glas razuma, posvećujući se tom traganju sa upornošću svojstvenom nekom naučniku ili izgladneloj zveri koja se u tišini previja.

Koji je to predeo grada, velikog industrijskog grada gde su dužnost i rad osnovna obeležja jednog podneblja u kojem se čuda ne mogu dešavati? Da li se nalazi u predgrađu okrenutom Basi ili okrenutom Švajcarskoj? Okrenutom Kremoni ili Veneciji? U kojem delu industrijske četvrti, sa fabrikama tihim kao crkve ili škole u radno vreme, se sada nalazi?

Pošto je to trenutak u kojem se dešava čudo, mesto je gotovo pusto, mirno, sa malo prolaznika i suncem koje iako je mlako prosipa zrake sa nekakvim srećnim predskazanjem. Na pločniku je podignuta nastrešnica nad praznom tramvajskom stanicom, a pod njom stoji momak svetlih očiju. Čeka tramvaj bez nervoze, dostojanstveno. Iako je tu sam, nije se lenjo i bezvoljno opustio, već je čak u stavu zadržao neku duboku i plemenitu ljupkost.

Visok je, uzbudljivo istaknutih jagodičnih kostiju, razbarušene guste kose narodskog momka koji se retko češlja, crnpurast je, džigljast, ali ipak, pošto je pravilno građen, ne i dugajlija, već mlađalački krepak i muževan (ne izgleda kao atleta, već pre kao seljak). Lučija parkira kola malo dalje od stanice ali odjednom postiđena sva se ukoči tako da se ne usuđuje ni da se prema njemu okrene. Sasvim polako izvadi cigaretu zureći u prazno i u sebi promrmlja nešto gorko, pomisli nešto što je pomete tako da se sva očajna smiri i gotovo reši da odustane...

Ne pomera se s mesta — pognuta — s neupaljenom cigaretom u ustima, sa ukočenim i gorkim osmehom na licu. Mehanički opet pali motor. Međutim, ne daje gas.

Kad (gotovo slučajno?) okrene glavu prema pločniku, vidi momka tu, blizu, pored sebe. Možda je student — radnik sigurno nije. Možda baš studira na Univerzitetu, verovatno jedan od onih mladih ljudi iz siromašne porodice koji dolaze iz unutrašnjosti. Inače, otkud bi imao tri čiste da priđe ženi kakva je ona, tako lepoj, koja nije njegov par, zaštićenoj njenim očigledno visokim društvenim položajem i preimućstvom koje joj taj položaj pruža — i čak da joj se nasmeši obazrivo, saučesnički, gotovo kao da zna na čemu je?

I tako Lučija nema potrebe da mu zatraži vatre — ne mora da mu uputi to prokleto pitanje koje ne može da prevali preko jezika. Dovoljno je samo da mu se jedva primetno nasmeši i napravi jedan stidljivi pokret kojim pokazuje neupaljenu cigaretu i time zatraži ono za čim prirodno oseća potrebu...

No mladić — sa onim osmehom koji je sada nedvosmisleno obojen humorom tako da više nema sumnje iz koje društvene sredine potiče i na kojem je kulturnom nivou, to jest nema sumnje da je student — šaljivo i simpatično raširi ruke u znak sažaljenja stavljajući joj tako do znanja da je nepušač.

No potom učini nešto zaista smelo (to je smelost zdravih stidljivaca koji se stide samo svog skromnog života) i otrčavši bezazleno kao razdragani pas, stiže jednog prolaznika, zatraži šibice, vrati se pruži ih Lučiji da zapali, odnese kutijicu prolazniku i ponovo se vrati... Da, verovatno je baš to: student iz sitnoburžoaske ili radničke porodice iz unutrašnjosti koji još uvek neizbežno ali ljupko na sebi nosi znake skromnog i prostog porekla, rečju: obeležja siromaštva.

Lučija ni sama ne zna kako se i zašto i na koji način saučesnički, drugarski, potpuno nesvesno, oslobođena svih predrasuda, protegla i otvorila vrata. Momak uđe u kola hitro, spremno, razdragan, prihvatajući avanturu kao nešto što je sasvim u redu, što se po sebi razume i što je kao stvoreno da čoveka usreći.

....
....

Kuća u kojoj mladić stanuje je upravo onakva kakvu uspevaju da nađu studenti koji iz unutrašnjosti dolaze na Univerzitet. Ta kuća nije ni stara ni nova, ali u svakom slučaju veoma je turobna, izgubljena u bloku kuća, ni starih ni novih, koje se opet nalaze između četvrtastog bloka novogradnji koje blistaju od stakla i metala — pobedničko delo neokapitalizma skorijeg datuma — i druge male — božanstvene — skupine starih kuća iz devetnaestog veka ako ne i starijih sa surim zidinama čudesnih razmera, krovnim vencima, dugim hodnicima sa stubovima, starim konjušnicama lepim kao crkve. Cela ta četvrt nalazi se gotovo u polju — iza jednog podvožnjaka koji ostaje u daljini kao beličasto priviđenje u sivoj izmaglici — i gotovo već između dugih, beskrajno dugih drvoreda topola koji se javljaju odmah posle jednog kanala sa starom kamenom ogradom.

Kola ostaju u koloni drugih automobila duž pločnika uz koji su podignute turobne ni stare ni nove kuće. I Lučija sa mladićem ulazi u jednu od tih bednih kapija.

Stepenice su polumračne: moraš da ih gledaš a moraš i da osetiš oštar bol kad ih gledaš.

Mladić se penje nestrpljivo. Neosporno je da bi, da se nešto on pita, odjednom prekoračio četiri stepenice, začas bio na vrhu te mučne uzbrdice koja se strmo pela nagore u zadahu kupusa i mokrih prnja.

Najzad, Bogu hvala, evo ih pred vratašcima stana.

U sobi se nalazi krevet (brižljivo nameštyen) i ne osvrćući se okolo, Lučija i mladić na njega legnu, gotovo se na njega sruše i počinju da pronalaze načine za zadovoljavanje svoje neugasive žudnje. Dugo su ležali na krevetu — dok momak odjednom ne skoči gotovo kao da se uplašio nečeg nepredviđenog (tako da se Lučija iskreno uplaši) i svuče jaknu. Zatim se sagne i poljubi je. No brzo ustaje, i ovoga puta skoči, da bi svukao košulju (to je složeniji posao koji iziskuje i neki stidljivi osmeh). Zatim se naginje i opet je poljubi. Onda ustaje, ovoga puta da bi brzo svukao majicu i otkopčao pantalone. Zatim opet legne na nju i počne da je ljubi. No odmah i opet naglo, klone na nju kao da je zaspao, sakrivši lice između njenog ramena i obraza.

Lučija poštuje taj njegov početni i preuranjeni umor (koji je sigurno posledica sveg onog obilja mladosti koju on u sebi nosi kao da je to neki poklon za potcenjivanje) i iskoristi tu stanku da gleda njega i da gleda sve što ih okružuje. Od njega vidi samo malo razbarušene kose i jedno zažareno uho, ali pogled kojim istražuje sobu, otkriva sve u pravom svetlu, to jest kao sam jad i bedu: bedu i promišljenost, tugu i zdrav razum.

Na podu leži tek odbačena mladićeva odeća kao trag nekog bića koje tu samo što je prošlo i odmah negde nestalo u daljini.

Ali ne, naprotiv, on je još tu, prisutan je. Opet se pokreće, miluje je, ljubi, a poljupci su mu tako bezočni, ali suviše smeli, sveži, bezazleni. Gotovo kao da mu je jedina želja da zadovolji neku svoju glad koje i sam nije potpuno svestan. Ili kao da se bezumno i nesvesno potčinjava jednom zakonu utvrđenom na osnovu nekakve navike koja je postojala i pre njegovog rođenja, a on je sada njen smerni, verni i srećni rob.

13

OVDE SE OPISUJE KAKO I LUČIJA NAJZAD GUBI I IZDAJE BOGA

· Izgleda neverovatno da noć može biti tako beživotna a i tako silno nastrojena da takva i bude. Pa ipak, ko zna kako, u dnu bezdana magluštine polegle po zemlji — iza dimne zavese koja se leluja po krovovima i iznad vrhova topola — iza niskih, pocepanih oblačina i, najzad, iza beskrajno visokih oblaka koji možda jamče da će sutra biti vedro i nebo se razgaliti — nazire se krajičak meseca, tanak kao kriščica dinje ili tikve, meseca koji zalazi odlazeći neprimećen i poražen.

Zračak mesečine, beznadno žalostiv, udeva se u sobu u kojoj Lučija, otvorenih očiju leži na ispreturanoj postelji.

Spavajući, utonu u nesvesnost sna punog opravdanih zahteva i gotovo uvredljive nedužnosti, momak je telom zaposeo ceo krevet. Potisnuo je Lučiju do ivice postelje gde sve da je i htela, sigurno nije mogla da sklopi oka. Razbuditi se za nju znači naći se u jednom stanju potpune obamrlosti, a i bolnom stanju bar toliko neprebolnom koliko je to i mesečina koja kvasa na izdisaju i nagoveštava razdanje.

Predmeti iz sobe izranjaju iz tame i oživljavaju. Jedan po jedan postaju izvor sažaljenja i postiđenosti: stočić sa mušemom ispod prozora, dve-tri stolice, polica na zidu sa zabavnom štampom (verovatno kupljenom antikvarno), stočić sa debelim, ozbiljnim, naučnim knjigama, udžbenicima i stripovima, orman u kojem se sigurno nalaze samo najnužniji odevni predmeti, pažljivo održavani tako da je to bila velika mladićeva briga, zidovi oblepļeni tapetama od dve lire, dve-tri reprodukcije uokvirene kartonskim trakama a iznad postelje, naravno, Bogorodica, bela i plava, od keramike kakve se obično mogu videti u kuhinjama.

Lučija ustaje kao avet iako još nije donela nikakvu odluku (što je sasvim očigledno). Možda tek onako, samo zato što to voli, ili možda tek da priđe prozoru i posmatra izvor te okrutne svetlosti koja obasjava sobu.

Međutim, stoji pored kreveta i gleda... mladićevu odeću razbacanu po podu.

Odeća stoji tako kako ju je razbacao sinoć (koliko li je samo sati otada prošlo?) kad se brže-bolje svukao kao svi momci, tako malo kritični kad su u pitanju njihova smešna prava. Njegova odeća sada podseća na svlak neke životinje koja je ostavila tu tragove, znake svog prolaza na zemlji, i zauvek otišla.

Živost odeće, tako uboge i prozaične u suprotnosti je, u nemogućoj suprotnosti s daljinom u koju je njen vlasnik u snovima otišao: zgužvane pantalone na podu s potpuno nesvesno i bezazleno otkopčanim šlicom, gaćice, možda ne baš besprekorno čiste s bednim znacima života, majica koja je naprotiv bleštavo bela, okupana smirenim zracima mesečine, cipele, dramatično ispreturane u tom sveopštem miru, lepi džemper od debele vune, ne tako žive ali ipak nekako tajanstveno mladalačke boje... Čarape, međutim, mladić nije svukao, još su mu na nogama iako je inače potpuno nag.

Spava okrenut na bok — kao fetusi — sa rukama ispruženim i stegnutim (među bedrima na krilu).

Lučija ga posmatra kao biće koje će živeti sto godina. Muči je njegova tako slepa bezazlenost. Disanje potpuno pravilno i u snu tek malo zagrcnuto, lepota njegovog lika narušena i načeta znojenjem i bledilom a možda i nekakav neodređeni miris kojim odiše celo njegovo biće (verovatno čarape koje nije svukao), izazivaju u njoj mučninu, to je jasno, a ta mučnina uzima maha pred bezazlenošću i nesvesnošću tog momka, beslovesno savladanog potrebama tela. To gađenje se gotovo pretvara u mržnju prema njemu tako da joj dođe da ga udari, da ga uvredi gnevno i prezirno, da bi jednom zasvagda upamtio da jedan muškarac nikad ne treba da se, savladan snom, izgubi, da ustukne, da umre! No, Lučija, osim toga, u sebi ne može da savlada ni nekakvu nežnost, poslednje i konačno osećanje koje će je prožeti kad neopaženo odatle ode. Već se oblači, već je obukla suknju kad mu prilazi i još jednom miluje to nago telo čiji mišići su se opustili, omekšali, pretvorili u nesvesno meso. A nežna nedra su joj široka kao prostrani trg dok spušta ruku prema trbuhu podeljenom sa dva simetrična mišića kao kod antičkih kipova, prema trbuhu još uvek bez trunke sala, ali već suviše muževnom, s blagom senkom malja koja se proteže do pupka — sve dok ne dotakne penis, sada oslobođen svega što ne bi bila ubogost, jad i beda mesa.

Potom Lučija dovršava oblačenje, sasvim polako jer joj ponovo srce rani neki bezimeni i svakako neprebolni bol.

Uzima svoje stvari i izlazi iz sobe, pa ne ni tako naglo, ali u svakom slučaju veoma tiho.

....
....

Iza nje ostaje mladićeva četvrt. Gradske svetiljke (jedna mala svetiljka pred vratima svake turobne kuće) gase se. Obznanjuje se rasvit, nadolazi dan, šugav, bez meseca, sa belom posvuda jednolično razastrtom koprenom magle.

Duž kanala sa kamenom ogradom, opervaženog travom, pruža se put koji vodi prema centru.

Njime već prolaze ravnodušni ljudi koji idu na posao. Neki pešice prema tramvajskoj stanici, neki na motobiciklu ili na bednoj, zastareloj „lambreti". Od šest ujutru prolaze već zamorne, neprijatne, guste kolone automobila, žustrih malih „fijata".

No eto tamo, koliko da se pređe ulica, pored mostića koji vodi preko kanala, dve prilike onog posebnog držanja po kojem se izdvajaju od svega što ih okružuje, kao da je to držanje prirodno preimućstvo jednog drugog soja ljudi: mladosti.

Lučija ih jedva nazire dok je mimoilaze druga kola. Oni dižu ruku, samouvereni i drski, nimalo učtivo tražeći prolaz.

Lučija pređe još nekih tri-četiri stotine metara, zatim uspori i sasvim nerazumno odlučivši da napravi opasan zaokret, dok su joj vozači „fijata" koji su nailazili u kolonama pretili i psovali je, vrati se do onih momaka. Njih to nimalo nije začudilo. Pošto naprave onaj upitni i neobavezni znak rukom svojstven auto-stoperima, Lučija uspori i zakoči, oni potrče i kad izmene nekoliko najneophodnijih reči, uđu u njena kola.

Mladić koji sedi pored nje ima plave oči. Sedi raskrečenih nogu, uspravno, kao kipovi u starim seoskim crkvma, kao Homerovi kraljevi. No to je verovatno samo izraz zadovoljstva što sedi u kolima sa višecilindričnim motorom.

Onaj momak koji sedi pozadi ima lukav i nedokučiv izraz lica (možda zato što je u odnosu na njih dvojicu podređen ili igra sporednu ulogu zato što je mlađi ili ko bi znao zašto). Prema tome, prati zbivanja u kojima je glavno lice njegov drugar, a ne on koji se miri s ulogom običnog svedoka, pa pomalo ironično, ali sa simpatijom posmatra šta se dešava.

Onaj drugi mladić je sada odsutan, čudno rasejan, ukočen. Obuzet je posmatranjem ulice, prati putanju automobila. Gotovo mehanički otkopčava kaputić gledajući pravo ispred sebe, besprekornog ponašanja, zamišljen. Pojave se njegove krepke, mladalački bezazlene butine uz koje su pripijene letnje pantalone od sasvim tankog platna (iako je rano ujutru i hladno gotovo kao usred zime).

Lučija takođe rasejana, skida desnu ruku s volana i prelazi njome preko razbarušene kose (za trenutak čak pokrije lice, ravnodušno, srdito, voštano bledo i u tom času joj se crte iskrive od bola i od straha). Zatim spušta ruku koja kao da je zanemogla od jutarnje bunovnosti, klone ali ne na volan već na ivicu sedišta i tu ostaje nepomična.

Momak koji je neprestano gledao ispred sebe — pa prema tome kako li je to mogao primetiti — polako, sasvim polako primakne joj svoju ruku — snažnu, kakvu imaju radnici ili zločinci — i pošto ju je jedan trenutak ovlaš dodirivao malim prstom, steže je. Najpre je povuče prema svom bedru utegnutom u gotovo prozračno platno, a onda drugim trzajem, sebi u krilo.

Kola jure asfaltom koji sjajka od rose, jure putem koji se gubi unedogled.

U svakom slučaju, desno i levo su livade raskvašene ustajalom kišom, uokvirene drvoredima topola. Grane u nebo isukane sparušene su, lišće kržljavo i učmalo. Nizija je ravna, nigde valovita. Topole slične katedralama provide se jedna kroz drugu da bi ipak uskoro iščezle iza zavesa od ustajale magle.

Desno je krčanik sa dve stare brazde od volujskih kola a između njih pruga raskvašene trave slična kičmenom stubu — krčanik koji se probija kroz bare.

Lučija gotovo mehanički skreće sa druma i vozi tom staroputinom pored drvoreda džinovskih i ustreptalih topola dok pred njom ne iskrsne, nekim čudom, stara napuštena senara malo dalje od jarka punog vode. Do nje vodi most napravljen od dve trule grede.

Lučija i mladić izlaze iz kola, preko mostića stižu iza crvenih i sivih zidova senare kroz uzblaćenu travu, mokru od noćašnje kiše.

Momak je pritisne uza zid i pre toga je čak i ne zagrlivši, ne poljubivši je, poče da skida kajiš sa pantalona.

....
....

Među njima se sve brzo završilo. Momku koji je tek ustao iz kreveta za to je bilo dovoljno samo nekoliko trenutaka. Još bunovan od mladalačkog sna u kojem se ispunio semenom, nije osećao potrebu za jačim podsticajem da to seme i izlije. Kad se opasao, ode i Lučiji dobaci tek stidljivi pogled. (Taj pogled je bio stidljiv ali ne i zbunjen.)

On zavije za ugao a Lučija se malo zadrža da dovede u red odeću. Njeno milo ispijeno lice opet se zgrči od bola, bolje reći od groze.

Ali gle, evo kako iza zidića nailazi drugi momak u lakom i veoma elegantnom kaputiću sa podignutim okovratnikom, dok se ispod njega vidi izanđali blu-džins. Tek u tom trenutku Lučija postade svesna da je u pitanju prećutna pogodba a pomisli i to da je i ona svojevremeno u njoj učestvovala. Ovaj momak *nije plavook* niti lep kao drugi momci. To je sasvim običan i čak ružnjikav mlad čovek. Lučija se odmače od zida i htede da pođe jer se u njoj sve buni protiv nasilja te prećutne pogodbe o kojoj dosad nije bilo ni reči. Pored toga iskreno pomisli da joj do tog mladića nije stalo i da joj se ne dopada. No on je zadržava pritisnuvši je rukom uza zid — već tako siguran da ju je savladao da sa njegovog lica ne iščeznu ona detinjasta blagost i molećivi izraz jednog bića koje u suštini traži da se iziđe u susret njegovoj želji. Njegova teška ruka na ramenu i druga ruka već instinktivno na krilu mladog zrelog oca...

....
....

Lučija ostavlja dva momka na malom trgu jednog mesta okruženog fabrikama i topolama. Oni izlaze iz kola i pozdravljaju je. Zatim odlaze živahni, žurna koraka, za poslom koji ih očekuje tog jutra, u tom njima dobro poznatom mestu u kojem vode uobičajeni život. Lučija upali motor i opet krenu u polje.

Odmah se nađe sred bara i topola. Jutro se plodi i širi i zelenilo sjajka setno i ushićeno.

Javlja se reka, zajažena dvema tamnim branama, reka ponornozelene boje, uglačana kao da je od mesinga. Zatim šumarak topola, gust sa pravilnim, beskonačno dugim drvoredima koji nestaju tamo gde sunce setno proslavlja pobedu.

Zatim se javljaju nizije koje gotovo do Poa proširuju obzorje a u središtu, među iščilelim četvorouglovima topola, raskvašene livade pod toliko izbledelom travom da izgledaju gotovo bele, tajnovite kao istočnjačka pirinčišta. Svi putevi vode prema tim prizorima. I slede jedan drugog u nekakvom razređenom spletu pravaca. Skrenuti desno isto je što i skrenuti levo; uputiti se prema brdima koje beličasto predjutarje zatiče u nekakvom snu, isto je što i uputiti se prema ugnutom porečju Poa koji se, doduše, javlja kao stvarna reka, upravo stvarnosna — ali silno otuđena, strana kao carstvo seljaka iz dalekih i zaboravljenih vremena.

I tako Lučija koja ne može da ponovo nađe put koji je vodi kući, stalno menja pravac i vrti se ukrug po tom žalostivom lavirintu, toliko neprijatno tužnom uprkos raskoši zelenila. Povremeno okreće kola i vraća se unazad, nađe se usred neke asfaltirane ulice, kako ispred tako iza nje, potpuno iste. Drugi put kad se nađe na nekom raskršću kreće desno pa se odjednom predomisli i vozi levo. I tako zaluta među drvoredima topola, zaslepljenih njihovom drevnom, za sva vremena nedokučljivom šumskom tajnom.

Lučijino nesnalaženje na tom putu ogleda se na njenom licu koje se pretvara u staklenu masku pod kojom se krije jedna jedina, ali zato gvozdena volja. Koja? A da nije to samo nekakva krutost, odbojnost. Nekakvo „ne" dobačeno jednoj istini, makar ona bila najgora, neubedljiva i beznadežna.

Lučija ulazi u jednu ulicu sličnu drugim ulicama (možda je već kroz nju i prošla) zatim, na jednom raskršću, ovoga puta odlučno skreće desno (s jedne i s druge strane nalaze se kružne površine obrasle topolama, površine neravne zato što kroz njih protiče jedna reka, možda Lambra čije je korito zagađeno fabričkim otpacima), zatim stiže do nekog kolskog druma sa uobičajenom zelenom prugom trave između dva traga od točkova. Tu parkira kola zapanjena i zgranuta kao da je pred njom iskrslo neko priviđenje koje je ne iznenađuje, ne ushićuje, već je jednostavno zaokuplja, osvaja i uvlači je *u niz mnogobrojnih, tačnih i nadahnutih planova i proračuna.*

Ishod tog razmišljanja je to što, Lučija izlazi iz automobila i ide prema jednoj viziji radi koje se zaustavila i prekinula besmisleno kruženje i skretanje kolima.

Reč je o nekoj kapeli, usamljenoj usred močvarnog predela i šumaraka topola, beličastoj, žućkastoj, maloj, tako otmenoj — čiji su se obrisi nesumnjivo začeli u glavi nekog graditelja iz unutrašnjosti, još uvek privrženog baroku iako je živeo u jeku neoklasicizma. Ta kapela je, dakle, nemoguće i savršeno ostvarenje sa svojim složenim spiralnim ukrasima i kolopletom bareljefa iz osamnaestog veka, mnogo sličnijim plemićskim grbovima nego kakvom znamenju vere.

Kapela je potpuno usamljena i izdvojena, podignuta usred polja.

Vratašca, istavljena, iako ne tako davno popravljena zauzimanjem starih vernika iz devetnaestog veka, otvorena su. Lučija ih bojažljivo gume i ona se škripeći otvaraju.

Cela unutrašnjost je građena u stilu devetnaestog veka. Doduše nekako je sva jadna, glupavo nakićena po ukusu verski zatucanih bogomoljaca. No redovi klupa — oštećeni i neupotrebljavani kao i vrata — i jedna jedina, veoma mala, trošna ispovedaonica — upravo zato što su tako potpuno napušteni, prožeti su setom drevne, strahotne religije, čije granice su prekoračila siromašna Mala braća, redovnici koji su nestali onako kako se ugasila svetlost kojom su ozarili vernike.

Na maloj apsidi, iznad praznog i prašnjavog oltara, naslikano je raspeće. To je nesumnjivo delo nekog jadnog, romantičnog slikara — nespretnog i usiljenog popodražavaoca renesansnih veština i načina izražavanja koji sada već mogu da ostave utisak samo na priproste ljude. Hrist razapet na krstu liči na bestelesnog mladića, pomalo ograničenog i podmuklog — ali ipak dovoljno muževnog sa plavim očima punim onog nečeg što bi trebalo da bude Božansko Milosrđe.

Nećemo kopati po Lučijinoj savesti. Pošto se prekrstila, ona stoji nepomično pored vrata. Nikakav drugi izraz na njenom licu ne može se primetiti osim onog u ukočenom, zamišljenom pogledu njenih vlažnih, crnih očiju.

Upravo je taj Hrist privlači dok svoje mršavo telo ostavlja tu pored vrata kao svlak vraćen njenom pređašnjem životu.

14

LEVITACIJA

Klupa pored oljuštenog zida seoske kuće je prazna. Emilija više ne sedi na njoj. Ona se danas nalazi negde na većim visinama, ali ne na jednom od onih prozorčića, zatvorenih, na prvom spratu, a ni na nekom od onih još manjih prozorčića bez okana na ambaru. Emilija se nalazi ni manje ni više nego negde iznad krovnog venca, iznad krova.

Ona, rečju, lebdi na nebu. Lebdi tako raskriljenih ruku s neobrazloženim povodom.

Možda tako lebdi već nekoliko sati, uzdignuta visoko kao meteorološki balon ili obešena osuđenica u sivoj izmaglici kroz koju veje — dan je već na izmaku — nekakvo besmisleno spokojstvo.

Dole u dvorištu pred kućom, nagrnuo je narod i gusto načičkan gleda gore. Ne zna šta da kaže, ne zna šta da radi, ošamućen, sluđen pred tim zbitijem, čudom neviđenim, poraznim za zdravu pamet. Samo dečačić koji je vario koprive, mali rođak svetiteljke koja lebdi iznad krova, možda upravo zato što je još dete pa prema tome više srećan nego zbunjen, seti se šta da se radi. Ne budi lenj, on otrča do tornjića seoske kuće, na čijem stropu u obliku luka visi staro zvono, dohvati konopac i poče da zvoni, da zvoni.

Kad oštro i neskladno zazvoni zvono, vanredni prizor koji se odigrava pred kućom, postaje bliži običnoj ljudskoj pameti pa narod, na neki način, opet počinje da se ponaša prirodno i da preduzima ono što je u ovom slučaju svrsishodno jer je poverovao u drevno i dobro znano prisustvo Boga koji se eto javlja pred njegovim očima. Jedni gledaju stojeći, drugi padaju ničice, neki ćute, neki se mole, neki su zabezeknuti, neki ganuti do suza. Zapanjujuće prisustvo te male, crne prilike, obešene o ivicu krova, prema nedosegljivim nebesnim zabranima punim setnih oblaka, opervaženih svetlošću sunčevog smirenja, prizor je kojim se ne može zasititi i iscrpsti osećanje zaumne sreće koja ispunjava duše.

Uostalom bilo kako mu drago, ne pruža se čoveku svakog dana prilika da bude očevidac ovakve pojave. Sada već niko ne bi mogao sa sigurnošću ustvrditi šta će doneti senke koje kao i svake večeri, pokunjeno i zlovoljno silaze s neba.

15

ANKETA O SVETITELJSTVU

Čitalac će na ovom mestu morati da s toka naše povesti skrene pažnju na njenu pozadinu, na ono što se iza nje krije. To je težak a možda i neprijatan čin jer on u stvari znači prekid u toku maštanja, neosporno suv i prozaičan zaokret kakvo je svako svođenje računa.
A kako je samo ružno, banalno i isprazno značenje *svake parabole* bez parabole!
Onaj narod koji je čudo svetiteljke privuklo u dvorište kuće, šta je uostalom drugo ako ne samo silna i šarolika seljačka masa kakvu viđamo nedeljom u raznim crkvama. U dvorište je nagrnula tolika gomila naroda da se Emilija koja sedi, tamo dole, na svojoj klupi jedva i vidi. Zabrađena je crnim šalom koji joj skriva zelenu kosu.
S tom gomilom naroda stigao je i neki novinar s beležnicom i magnetoskopom (sem ako to nije glavom i bradom neki reporter s kamerom).
On je — a na licu mu se čita da mu savest nije čista — očigledno pripremio pitanja za sav taj svet i osvrće se okolo jer traži pogodne ,,ličnosti". Tu su neke jadne domaćice, zajapurene od hladnoće i od rintanja, muškarci ispijeni od života provedenog na močvarnom tlu među nasipima u niziji Basa, u magluštini, pod oblacima lednim i niskim i pod zubatim suncem. No tu su i grupe građana, intelektualaca, a pre svega finih dama.
Ova anketa je upravo razlog što će čitalac morati da podnese — ponavljamo, možda neopravdano — nasilničko umetanje u ovu priču nekih drugih, racionalnijih sadržaja. To je niz pitanja koje novinar postavlja ljudima okupljenim u dvorištu pred seoskom kućom. Taj umetak

se odlikuje nekakvim naročitim jezikom koji se upotrebljava u sredstvima masovnih komunikacija — u novinama, na televiziji — i ne sastoji se samo od izanđalih fraza, već je upravo vulgaran. Pitanja u toj anketi su otprilike sledeća:
 — Verujete li u čuda? A ko čini čuda? Bog? A zašto? Zašto ne svima i služeći se svima?

....

 — Verujete li da Bog čini čuda samo verniku ili služeći se iskrenim vernikom?

....

 — Ako bi se vama Bog obznanio putem čuda da li biste se vi... da li biste se vi iz osnova... promenili? Ili biste ostali isti onakvi kakvi ste bili pre čuda?

....

 — Mislite li da bi došlo do neke promene u vama? U tom slučaju da li bi bilo značajnije samo čudo ili promena — do koje bi došlo posle čuda — vaše ljudske prirode?

....

 — Šta mislite zašto je Bog izabrao jednu sirotu ženu iz naroda da bi se obznanio kroz čudo?

....

 — Da li zato što građani nisu kadri da budu iskreno religiozni?

....

Ali ne u smislu da iskreno ne veruju, ili samo da veruju da veruju... već u smislu da u njima ne živi *stvarno osećanje za sveto*?

....

I tako, čak pod pretpostavkom da se desi čudo pod čijim uticajem bi se građanin, hteo-ne hteo, odjednom suočio sa nečim što je različito i posle čega bi se ponovo postavilo pitanje *pogrešne predstave o sebi* koju je on stvorio polazeći od takozvane normalnosti — da li bi se u tom slučaju u građaninu moglo da probudi iskreno religiozno osećanje?

....

— Ne? Znači li to onda da se svako religiozno iskustvo u građaninu neminovno svodi na moralno iskustvo?

....

— Da li je moralizam (kada postoji) religija građanske klase?

....

— Dakle, je li građanin... dušu *zamenio svešću?*

....

— Da li se svaka negdašnja religiozna situacija u njemu automatski pretvara u obično *pitanje savesti?*

....

— Da li je, prema tome, metafizičko religiozno osećanje ugušeno da bi se pretvorilo u neku vrstu *religije lepog ponašanja?*

....

— Nije li možda to rezultat industrijalizacije i sitnoburžoaske civilizacije?

....

— Prema tome, zar u jednom građaninu, pod pretpostavkom da doživi bilo šta, *čak čudo ili Božansko iskustvo ljubavi*, nikad ne bi moglo da vaskrsne ono drevno osećanje za nešto metafizičko, osećanje svojstveno dobu seljačkog života? Umesto da se ono u njemu pretvori u surovu borbu sa sopstvenom savešću?

....

— Duši je cilj spasenje a šta je cilj svesti?

....

— Zar Bog... u ime koga ta devojka, seljačko dete, koja se vratila iz grada u kojem je bila služavka... čini čuda... nije onaj drevni... upravo seljački... biblijski i pomalo otkačeni Bog?

....

— Kakvog smisla ima da se Njegova čuda dešavaju u ovom zabitom zakutku jednog već prevaziđenog načina življenja seljačkog sveta?

....

— Znači li to da sada religija, kao autentičan čin, može da opstane jedino u seljačkom svetu, to jest... u Trećem svetu?

....

— Zar nam ta sveta luda, na pragu Milana gde se već naziru prve fabrike, upravo to ne govori?

....

— Nije li ta seljanka strašna i živa optužba građanske klase koja je (u najboljem slučaju) svela religiju na kodekse dobrog ponašanja?

....

— Dakle, dok se ova seoska svetica *može spasti*, pa i po cenu vraćanja unazad kroz tok istorije, zar se nijedan građanin *ne može spasti*, ni kao pojedinac ni kao član zajednice? Kao pojedinac zato što više nema duše već samo svesti — pa makar i plemenite, ali po samoj svojoj prirodi, proste i ograničene svesti; kao član zajednice zato što se njegova istorija briše bez traga, pretvarajući se od istorije ranih industrijskih preduzeća u istoriju potpune svetske industrijalizacije?

....

— Znači li to da nova vrsta religije koja će se tada javiti (a prvi znaci te pojave već se zapažaju u naprednijim narodima) neće imati nikakve veze sa tim sranjem (izvinite na izrazu) kakav je građanski, kapitalistički ili socijalistički svet u kojem živimo?
....

16

DOŠLO VREME DA SE MRE

Veoma je rano. Sunce tek treba da ograne. Na seoskom imanju sa njegovim velikim dvorištima, nema žive duše. U najboljem slučaju okolo skakuće neki vrabac koji dživdžiše na mrazu. Samo je Emilija tu, kao i uvek sedi na svojoj klupi.

No kroz veliku kapiju koja gleda na drum, evo gde ulazi i neodlučno se približava neka crna prilika. To neka starica, krezuba, blaga, nesigurna kao kakva devojčica, nailazi kriomice, plašeći se sopstvenih koraka.

Obukla je najbolje haljine, crkvene i mrtvene, koje nosi samo o prazniku kad ide na prvu misu. Pa ipak kao sitan lopov ulazi pod svod kapije gde još vlada mrkli mrak — i ponovo se pojavljuje u dnu dvorišta, sve neodlučnija, sve više pometena.

Možda se plaši da nije dobro razumela, da se prevarila, da je nešto pogrešila. I tako, sva usplahirena, pažljivo gleda ono mesto, tamo dole, na kojem svetiteljka sedi pravo i nepomično. Tek posle dužeg vremena, Emilija daje znak da ju je primetila.

Tada, prvi put posle toliko vremena ustaje sa klupe. I polako kao da je hipnotisana, na onaj način kako se pre nekoliko meseci vraćala u ovaj kraj, prilazi starki koja je sada ohrabrena čeka kao saučesnik.

I tako dve žene ne prozborivši nijednu reč, zajedno kreću na svoj neobičan put.

Opet ulaze u senku zasvođene kapije i iz nje izlaze nešto dalje, na svetlost što sipi na prostrana, još uvek teško razaznatljiva polja. A onda, umesto da krenu asfaltiranim drumom desno, produžuju put krčanikom koji se udeva u polje prema drugim belim vratima, istim kao što su ona na ulaznoj kapiji, vratima koja se tek naziru u mraku još nerazdanjene noći.

....

....

Na obzorju rađa se sunce nalik na nekakav jadni kotur u magli. Još mračnim poljima, dve žene u crnini, ćuteći žurno koračaju kao da su se uputile na neku udaljenu pijacu.

Emilija gorko i tiho plače. Ona pušta da suze koje su joj navrle na oči slobodno teku niz obraze i ne briše ih.

Okolo se sada već primećuje sve više seoskih kuća, okruženih novim četvrtima. To su kuće turobne, ozarene čkiljavim suncem čiji se zraci prodevaju kroz maglu koja se zadržava na najudaljenijem delu polja.

Kada se iza zelenog i orošenog opkopa poljskog puta pojavi plakat — ogroman kao ceo zid neke palate — na kojem neki bledi čovek, stežući pest, objavljuje da će se u tom kraju uskoro podići novi grad — Emilija pusti korak, uplakana i ozbiljna lica — i uskoro iziđe na veliki asfaltirani drum koji tužno sjajkajući vodi u Milano.

....

....

Sa starom saputnicom koja užurbano za njom hrama, neprestano lijući suze koje ne može da zadrži, Emilija sada prolazi predgrađima Milana.

Još nema znakova života: sve je zatvoreno i mirno kao noću na hladnom sjaju mesečine.

Dve prolaznice žure ne mareći što njihovi koraci remete onu tišinu predjutarja koju kao po nekom prećutnom dogovoru, poštuju svi odreda, kako ljudi, tako i stvari. Samo je sunce prisutno i zlopati se, silno se trudeći da još jednom zaposedne grad svojom svetlošću spremnom i ojađenom.

....

....

Kad je stigla na mesto koje je odabrala — ili koje je slučajno našla smatrajući ga pogodnim za ostvarenje svojih planova — Emilija stane. I starica, ne pitajući ništa, poslušno kao kakva devojčica, stane iza njenih leđa. Pred njima se pruža ogromni zemljani nasip na kojem je upravo u toku izgradnja celog jednog bloka stambenih zgrada. Usred tog nasipa, nebu pod oblake, diže se bager. Njegove čeljusti u tišini praskozorja, nepomične vise odozgo s nebeskog svoda. Nedaleko od bagera nalazi se jama veoma duboka, jama koju bager upravo treba da zatrpa. Emilija gleda taj bezdan zagasite boje blata i donosi odluku. Polako i promišljeno poče da silazi na dno jame, hvatajući se za grudve zemlje koje štrče iz zidova kao i za preživelo busenje.

Starica, navikla na napore kao seljanka koja je grbačila celog života bez roptanja, prikuplja poslednju snagu pa pažljivo kreće za njom. Ne traži da joj svetiteljka objasni razloge svoje odluke, smatra da je sve to tako suđeno, da je to viša sila i u svom priprostom, starom srcu zaključuje da se nema kud, da tako mora da bude. Jama je duboka petnaestak-dvadesetak metara a u dnu blato je još gnjecavo, pištalina, sija od ustajalih lokvi vode.

Mehaničkim, nepogrešnim pokretima kao da je automat — ali ipak neprestano lijući gorke suze — Emilija legne nauznak na dno jame, na njen odronjeni unutrašnji zid. Zatim polako, oslanjajući se na svoju vernu pratilju koja joj u tome pomaže, sva se oblepi slojem blata. Tako da je odozgo niko ne može primetiti jer se izjednačila s mekanom i sjajnom crnicom i lokvama uzblaćene vode.

Suze koje joj neprestano u potocima naviru na oči i koje joj otapaju blato samo oko očiju, skupljaju se u majušnu baricu.

Kad je Emilija od glave do pete bila pokrivena blatom (i sada je niko živ ne bi mogao primetiti jer se poistovetila sa blatnjivim dnom jame), kao po prećutnom dogovoru, starica odlazi, penje se polako, sasvim polako klizavom oburvinom prema izlazu iz jame i nestaje iza njene ivice.

Sunce napokon još jednom uspe da ograne po zemlji i to u spokojnom sjaju (kao da je sva ona muka, haotična i čudovišna, u trenu kad se objavljuje zora i dan nadolazi, bila samo san). Najpre se začu razgovor radnika, pa neki udaljeni udarac — duž gradilišta bez odjeka — a onda se iznenada, sa zaglušnom, zastrašujućom, ludom škripom budi i bager. Najpre tako zaciči pa onda umukne. Opet zavlada tišina i spokoj sunca. No samo nekoliko trenutaka. Jer uskoro opet poče škripa — više ne prestade. Javljala se povremeno, da ti probije uši, a mašina je počela da beslovesno, tupavo poskakuje, da se kreće napred i nazad, napred i nazad kao da to radi svesno, iako je sposobna samo za kratkotrajno i sumanuto rasuđivanje, to jest da surovo pokupi ogromnu količinu zemlje sa jednog mesta i da je, uz dugi, žalostivi cijuk istovari na drugom mestu.

Iz gomile blata koje pokriva Emiliju, međutim, neprestano teku suze koje su se sada pretvorile u potočić u pravom smislu reči i barica koju su napravile već se širi.

....
....

Bager je gotovo već obavio svoju dužnost: ogromna rupa u kojoj se Emilija pritajila, više ne postoji. Gotovo potpuno je zatrpana još svežom i mekom crnicom koju bager, završavajući rad, neprestano škripeći istovaruje u poslednja, preostala ulegnuća. No sada, po svemu sudeći, na duboku jamu više niko i ne misli.

Na mestu — koje je ovog trenutka jedva prepoznatljivo — a na kojem je Emilija ukopana ostala pod zemljom — najpre ispotiha — sporo kao da veze filigran, onako tiho kako se kreću insekti — a onda sve brže počinje da navire tankovrati mlaz vode. To su Emilijine suze. Polako, sasvim polako one se pretvaraju u novu baricu i iz nje potočić suza počinje da zmijulja prodevajući se kroz crnicu.

Upravo u tom trenutku okolo se začuje prestravljeni vrisak — dozivanje — lelek i kuknjava. Zatim žagor mnoštva ljudi koji nešto uzbuđeno govore. Sa koje strane gradilišta ta vriska dopire? Da li sa poslednjih još praznih spratova koji su se uzdigli visoko prema nebu? Ili iz radionica pod vedrim nebom sa velikim stolovima i gomilom alata u blatu? No krici i glasovi izgleda da dolaze negde iz blizine. U stvari, dopiru iza plota koji gleda upravo na tek dovršen nasip gde iz očiju sahranjene Emilije izbijaju suze. Kad gle, iza plota od svežih dasaka na kojem je jedna ruka, veoma gruba ruka, katranom koji curi naslikala srp i čekić — izlazi grupa radnika.

Žurnim korakom približavaju se mekom crnicom neprestano razgovarajući podignutim glasom. Jedan od njih jedva hoda pa ga pridržavaju drugovi koji što god mogu pažljivije podupiru njegovu podignutu ruku. Ruka je krvava i ranjenik se osvrće oko sebe hodajući uplašeno.

Pošto je — gotovo trčećim korakom — grupa stigla do barice suza, jedan od onih ljudi koji pomažu ozleđenom, ugleda je, stade i dovede ranjenika do nje, gurnuvši ga napred. Zatim rukom zahvata vodu iz barice i njome, ne razmišljajući mnogo (to je neki jadni stari radnik, sigurno seljačkog porekla) pere ranu na zapešću i na ruci svoga druga.

I gle, čim voda poče da ispira okrvavljeno mesto i rana poče da zamlađuje. Kroz nekoliko trenutaka zatvara se i krv prestaje da teče.

Pre no što radnici (našavši se u čudu što je i prirodno) počnu da zaprepašćeno viču na sav glas i naivno i pomalo glupo izražavaju svoja osećanja, kao ona vrsta ljudi koji ne umeju da se uzdrže pred nečim što dotad nisu doživeli — jedan trenutak vladala je grobna tišina. Njihova jadna lica, ispijena, gruba i dobroćudna, okrenuta su prema toj barici koja sjajka na suncu i u čiju prividnu varku niko ne ume da pronikne.

17

JOŠ NEŠTO O PAOLU

Otac Paolo izlazi iz letnjikovca, ulazi u svoj „mercedes" i kola krenu onom ulicom kojom je jednog dana nestao gost. Pored njega, iza prozora na njegovim kolima, promiču potpuno isti trgovi i drvoredi u olovnosivom vazduhu sa kojim se povremeno smenjuje, upravo na najnepristupačnijim i nepoznatim mestima, neka dostojna sažaljenja milošta sunca. Nedovoljno zaštićen u tim svojim sjajnim kolima, Paolo vozi središtem grada, tražeći. U ovo doba on je obično na poslu. U stvari, sada je ceo Milano na poslu. A on, naprotiv, krši sva pravila i ne poštujući nikakav raspored sati, *traži*.

Kao i njegova žena Lučija, Paolo je napravio kompromis, i te kakav, potpuno nesvestan kompromis sa životom. Uostalom, to je njegov način da taj život izgubi, iako je i taj način verovatno samo kompromis, ma koliko nerazuman i dostojan prezrenja on bio. Ipak, pogled onog ko traži uvek je isti, bilo šta tražio. A Paolov pogled, dok njime kruži okolo — dok pogledom kruži tim gradom koji želi da i on bude izjednačen sa drugima, štaviše da bude samouvereni i naduveni gospodar — taj Paolov pogled tako je pokoran, tako uvređen, tako usplahiren da je onaj kompromis sa njegovim životom, onaj kompromis koji je napravio u cilju *da bi život mogao izgubiti*, i sam nekakva krajnost, čistunstvo.

....
....

Dovezao se do trga ispred Glavne železničke stanice. Tu su u toku neki radovi pa je teško parkirati kola.

Vozi okolo, ozlojeđen, narogušen kao dete (stara navika) ljut na ceo svet: ljut na te čudne, manje vredne ljude koji naseljavaju ovu zemlju i živuju razborito i beslovesno. Udeva se najzad u jedan prazan prostor i tu ostavlja kola. Zatim iziđe iz njih krijući lice što god je bolje znao i umeo okovratnikom kaputa, uplašen, besan, surov iza maske potpunog spokojstva. Ulazi u stanicu i malo tumara po prostorijama u kojima se nalaze biletarnice (kao da tobože kupuje novine i razgleda tablu na kojoj je označen čas polaska vozova). Međutim, osvrće se okolo praveći se nevešt, *a traži*. Zatim kao druge desetine i desetine bezimenih bića koja kao i on žele da sačuvaju dostojanstvo, ide do pokretnih stepenica, penje se i gle, evo ga u prostorima ispod ogromne kupole na peronu, ozarenim mlečnom svetlošću neona. U tom svetu sličnom nekakvom limbu, Paolo se oseća još nesigurniji, gotovo ga hvata panika. Kuda da krene? Kako da opravda svoj boravak tu na mestu na kojem se niko ne zadržava bez nekog određenog razloga? Doduše, izigrava građanina koji očekuje rođake ili prijatelje što stižu nekim vozom. Međutim, treba *da traži* a prema tome i da šetka gore-dole, da se kreće. A time ljudima pada u oči. Međutim, njegovo dostojanstvo je sitno prema tom traženju.

Čudo mu se desi, kao uvek, u trenutku kad čoveku već sve dogori do nokata. Paolo se sada već sav očajan nalazi na peronu na kojem ima manje sveta i koji je slabije osvetljen od stanice — na peronu duž levog zida sa nizom jadnih prolaza koji se proteže sve do dole gde se nalazi ogromni gvozdeni luk i gde se javlja svetlost što sipi sa nebeskog svoda (čitalac treba da se zadovolji ovim nagoveštajem u kojem ima mnogo nedorečenog jer je naš izveštaj pisan obzirno i bojažljivo).

Dva plava oka na jednom licu koje se okreće da preko širokih ramena nešto pogleda, pripadaju nekom momku koji se sav skupio na jednoj klupi. Možda je to neki mladić bez zaposlenja koji može satima da bude sam očekujući da se nešto desi, ili jednostavno neki radnik koji strpljivo kao regrut čeka svoj ubrzani voz.

Ta dva oka puna su neke dobrote i bezazlenosti.
Paolo stade iza mladićevih leđa doslovno drhteći.
Pokuša da se prisili da čita novine i prema planu, povremeno pogleduje. Nada se da će se momak opet okrenuti.
No, on je rasejan, trom i pospan kao kakva životinja: ko zna kakve misli, kakvi planovi mu se vrzmaju po glavi i u kojim predelima sna se sada odvija njegov život.
Prolaze minuti a mladić se ne okreće dok se Paolo iza njegovih leđa iz petnih žila upinje da i dalje, pa makar i s teškom mukom, glumi ozbiljnu i uštogljenu iako pomalo uzbuđenu osobu. Međutim, uzbuđen je toliko da više od nekoliko minuta ne može da gleda u novine.
Dva plava oka, dobrodušna, bezazlena i sada malo uplašena — odjednom se okreću i mladićev pogled se susreće s pogledom Paola koji ga gotovo neprijateljski uzvraća, nesposoban da bilo šta preduzme.
Prolaze minuti, mnogo minuta. Zatim kao u nekom snu, mladić ustaje. Da li se time sve završava? Hoće li se sve rešiti tako gorko i tako jasno?
Visok je, snažan (dobrotom i naivnošću zrači mu i stas). Nema šta, regrut je u bednom građanskom odelu dvadesetogodišnjaka.
Kuda će sada poći i ne okrenuvši se?
Polako, sasvim polako, Paolo shvati da se uputio prema izlazu s perona (tamo gde se vidi beličasti nebeski svod) i da nije istina da se ne okreće. Pre no što prekorači preko praga bednih vrata, malo dalje odatle, mladić se zaista brzo još jednom osvrće unazad i baci jedan pogled svojih plavih očiju punih svetlosti i potpuno bezizražajnih.
I Paolo se pokreće — polazi nekoliko koraka kroz prigušenu svetlost stanice — neodlučno kreće prema tim vratima — ali onda odjednom zastaje.
Nećemo kopati ni po Paolovoj kao što nismo kopali ni po Lučijinoj svesti. Zadržaćemo se samo na opisivanju onoga šta radi a to šta radi — očigledno — plod je jedne svesti koja je već s one strane života.
Kao da priznaje poraz i kao da je zahvalan, on poče brižljivo da svlači lepi, laki ogrtač, besprekorno delo eng-

leskog porekla i pušta da mu padne pored nogu gde omlitavi i splasne kao mrtva stvar koja mu odmah postaje strana. Ista sudbina čeka jaknu, pa kravatu, pulover, košulju.

Paolo tako ostaje na peronu go do pojasa i ono malo ljudi koji se tu u ovo bezvremlje vrzma, poče da se zaustavlja i da ga posmatra. Šta bi tom čoveku? Sada, već potpuno nesvestan svega oko sebe, Paolo nastavi smelo i rasejano, dok mu misli blude negde daleko, da svlači sve što na sebi ima gotovo kao da više ne ume da razlikuje stvarnost od njenih simbola. Ili možda kao da je odlučio da jednom zasvagda pređe isprazne i varljive granice koje odvajaju stvarnost od njenog privida. Jednom reči da učini nešto što čine ljudi koje neka vera zauvek odvaja od njihovog života.

I tako, preko drugih delova odeće najpre pada majica, pa pantalone, gaće, čarape, cipele. Pored gomile odeće pojavljuju se najzad bose noge koje se okreću i laganim korakom udaljuju sivim, uglačanim tlom perona kroz masu naroda pristojno odevenog i obuvenog, koja se gura okolo, uplašena i nema.

18

ANKETA O POKLANJANJU FABRIKE

Zvone podnevna zvona iz susedne Lainate ili Arezea koji je još bliže. Njihov zvuk se meša sa zavijanjem sirena. Fabrika se prostire duž celog obzorja kao ogromni splav ukotvljen između močvarnog tla i prozirnih ograda od topola. Nešto tužno i sumorno lebdi u vazduhu. Ta dva-tri kilometra horizontalnih zidina, obavijenih lakom koprenom magle izgledaju kao da sa lombardijskom nežnošću, čistotom i jasnoćom ograđuju i štite ,,mir, raskoš i nasladu." I stotine i stotine automobila parkiranih u redovima na parkiralištu izgledaju tek kao raznobojni umeci u tom redu i miru.

Zatim odjednom nastaje pravi pakao: šest hiljada i pet stotina radnika počinju da zajedno izlaze iz fabrike. Oni prosto kuljaju kroz rešetkasta vrata od tanke žice i parkirališta su ispreturana kao da je preko njih prohujao vihor.

Pa ipak, čistine pred fabrikom su ogromne i masa radnika, koja se po njima raštrkala, tu se proređuje. Uskoro bi se potpuno razišla da se ovde-onde, iznenadno i izvan pravila ljudi ne okupljaju po grupama kao u danima kad se priprema štrajk ili pred izbore. Tu su i odredi policajaca, budni i lukavi, dok se građani, očigledno novinari ili radoznali prolaznici, mešaju među radnike.

Čitalac će na ovom mestu morati drugi put da pogne glavu i sa najvećim mogućim strpljenjem da prihvati još jedan pokušaj uplitanja u ovu priču. Moraće da pritisne pedalu uboge svakodnevne logike i sa razumljivim neprijatnostima, ostavi pedalu lepe maštovitosti.

Novinar — ili reporter s kamerom — možda onaj isti koga smo sreli pred Emilijinom kućom na selu — profesionalno se suočava s masom radnika ne krijući pri tom da od njih pomalo zazire i da mu savest nije čista. I počinje da im postavlja pitanja koja je brižljivo pripremio na onom njegovom pristupačnom jeziku koji je proizvod jedne kulture za obične i prosečne građane.

Evo otprilike tih pitanja koja bi trebalo da dočaraju turobnu prozaičnost aktuelnih događaja bez kojih, uostalom, ni autor ni čitalac — koji se osećaju jednodušni jer su sklopili zajednički grešni savez — ne bi mogli mirno da spavaju.

— Jeste li vi ovde zaposleni? Koliko godina tu radite? A vi? Jeste li vi radnik u ovoj fabrici? Pa lepo: šta mislite o postupku vašeg gazde?

....

— On je vama radnicima dao svoju fabriku: sada ste vi njeni vlasnici. Ali, ipak ne ponižava li vas to što ste prihvatili taj poklon?

....

— Ne biste li više voleli da ste pravo na upravljanje fabrikom ostvarili nekom vašom akcijom?

....

— Zar u svemu tome glavno lice ne ostaje vaš gazda? Pa, prema tome, zar vas nije on ovim činom potisnuo u senku? Zar vas nije na izvestan način odvojio od vaše revolucionarne budućnosti?

....

— Da li je postupak vašeg gazde usamljen slučaj ili, naprotiv, pretpostavlja opštu težnju svih vlasnika fabrika u savremenom svetu?

....

— Kuda učešće u upravljanju fabrikom ostvareno nizom poklona — bolje rečeno nizom povlastica i ustupaka, može odvesti radničku klasu?

....

— Da li preobražavanje čoveka, pripadnika sitnoburžoaske klase, u tom slučaju bilo potpuno?

....

— Ako, dakle, taj poklon shvatimo kao simbol ili krajnju posledicu novog kursa moći, neće li se on predstaviti kao prvi, preistorijski dopirnos preobražaja svih ljudi u pripadnike sitnoburžoaske klase?

....

— Da li bi onda poklanjanje fabrike u svojstvu javnog čina bilo, bar u očima radnika i intelektualaca istorijski prestup, a u svojstvu privatnog čina staro religiozno rešenje?

....

— No nije li to religiozno rešenje znak preživljavanja jednog sveta koji nema ničeg zajedničkog sa našim svetom? Zar ono nije posledica jedne krivice, a ne jedne ljubavi? Tako da jedan građanin nikad ne bi mogao ponovo naći sebe, svoj život niti ako ga izgubi?

....

— Zar bi pretpostavka — ne mnogo originalna — bila, dakle, da građanstvo ne može više ni na koji način, ni javno ni privatno, da se oslobodi svoje sudbine i *da jedan građanin ma šta radio, greši?*

....

— Može li se smatrati uzrokom svega toga ideja o posedovanju i o sačuvanju dobara?

....

— No nije li ideja o posedovanju i čuvarnosti koja je temelj osude građanstva, obeležje nekadašnjeg posedničkog sveta, dok novi svet nije toliko zaokupljen brigom *o posedovanju i o sačuvanju dobara koliko proizvodnjom i potrošnjom dobara?*

....

— Ako je starinski seljački svet u građanstvu koje se rađalo — u vremenu kad je ono osnivalo prva industrijska preduzeća — razvijao smisao za posedovanjem i sačuvanjem dobara, *ali ne i religiozno osećanje koje je u ·sebi nosio, nisu li opravdani ogorčenje i bes protiv njega?*

....

— No zar nisu ta nekadašnja srdžba i ogorčenje postali potpuno besmisleni, ako sada to građanstvo revolucionarno menja svoju prirodu i nastoji da celo čovečanstvo poistoveti sa sobom sve do potpunog izjednačenja građanina sa čovekom?

....

—A ako građanstvo — izjednačujući celo čovečanstvo sa sobom — nema više ni na koga osim na sebe da svali teret svog prokletstva (koje ono nikad nije znalo ni htelo da obelodani) nije li njegova neopredeljenost najzad postala tragična?

....

— Tragična — zato što građanstvo, pošto više ne mora da izvojuje klasnu borbu — svim sredstvima pa čak zločinom i nasiljem čije ovaploćenje je ideja o Naciji, Vojsci, Crkvi itd. — ostaje samo, suočeno sa nužnošću da sazna ko je i šta je ono?

....

— Ako je ono bar potencijalno, pobednik — i ako na njemu svet ostaje — nije li njegova dužnost sada (a ne više revolucionarnih snaga koje ruše stare vrednosti) da odgovori na pitanja koja mu istorija — *njegova istorija* — postavlja?

....

— *Zar na ta pitanja građanstvo ne može da odgovori?*

19

O, MOJE BOSE NOGE...

O, moje bose noge
koje gazite po pustinjskom pesku!
Moje bose noge koje me vodite
tamo gde postoji jedno jedino prisustvo
i gde me ništa ne skriva ni od čijeg pogleda!
Moje bose noge
koje ste odabrale jedan put
kojim sada idem kao za vizijom
nasleđenom od otaca koji su podigli
1920. moj letnjikovac u Milanu, i od mladih
graditelja koji su mu 1960. dali konačni oblik.
Kao nekad narodu izrailjskom ili apostolu Pavlu
pustinja mi se čini kao nešto
što je od svega stvarnog jedino neophodno.
Ili bolje reći, ona mi se čini kao stvarnost
potpuno lišena svega spoljnjeg osim njene suštine,
onakva kakvu je sebi predstavlja živo biće i kakvu je
katkad zamišlja, iako nesklon filozofiranju.
I zaista tu okolo nema ničeg
osim onog najnužnijeg:
zemlje, neba i ljudskog tela.
Ma koliko zaumno, bezmerno i vazdušasto
bilo mračno obzorje, njegova linija je JEDINSTVENA:
i svaka njegova tačka ista je kao ona druga tačka...
Tajnovita pustinja koja izgleda kao da blista
toliko je tvrda, slična šećernoj kori njena površina
kao i duplja neba, neizlečivo plavetnog,
podložne su stalnim promenama ali su uvek iste.
Pa lepo. A šta o meni reći?

O meni koji sam onde gde sam bio i koji sam bio onde
gde jesam,
automat jedne stvarne ličnosti
poslat u pustinju da njome hodi?
SAV SAM ZAOKUPLJEN JEDNIM PITANJEM NA KOJE
NEMAM ODGOVORA.
Kakav tužan ishod borbe ako sam tu pustinju odabrao
kao pravo i stvarno mesto svog života!
Da li je onaj čovek koji je tragao putevima Milana
isti onaj čovek koji sada traga putevima pustinje?
Cela je istina: simbol stvarnosti
u sebi krije nešto što stvarnost ne poseduje:
on je zbir svih njenih značenja
ali ipak uz njega dodaje — s obzirom na svoju prirodu
kojoj je osobina da predstavlja — i jedno novo značenje.
Ali — sigurno ni to novo značenje
ne ostaje zagonetno
kao narodu Izrailja ili apostolu Pavlu.
U dubokoj tišini posvećenog prisećanja
pitam se nije li, da bih krenuo u pustinju,
*trebalo da sam imao život
već za pustinju predodređen*, i nisam li, dakle,
živeći u danima istorije — ne toliko lepe,
čiste i suštastvene kao što je predstava o njoj —
morao znati da nađem odgovor
na njena beskrajna i isprazna pitanja
da bih mogao odgovoriti sada
na pitanja pustinje, jedinstvene i neograničene.
Bedni, prozaični zaključak
— laički zbog nametanja jedne kulture ugnjetenog
sveta —
jedne pustolovine koja je počela da bi te privela Bogu!
No šta će prevagnuti? Svetovna suvoća razuma
ili religija, prezrena
plodnost onog koga je istorija ostavila iza sebe?
Dakle, izraz lica mi je blag i smiren
kad idem polako —
zadihan i sav u znoju,
kad trčim —

ispunjen nekim svetim strahom,
kad gledam oko sebe tu beskrajnu jednolikost —
detinjasto zabrinut,
kad posmatram pod mojim bosim nogama
pesak po kojem posrćem ili se penjem.
Baš onako, upravo onako kao u životu, kao u Milanu.
No zašto se odjednom zaustavljam?
Zašto piljim ispred sebe kao da nešto vidim?
A nema ničeg novog osim mračnog obzorja
koje se ocrtava beskonačno različito i jednako
prema plavetnom nebu tog mesta
koje sam zamislio opterećen svojom ubogom kulturom?
Zašto mi se, iako to ne želim,
lice grči, vene na vratu
napinju, oči ispunjavaju zažarenom svetlošću?
I zašto kad posle nekoliko trenutaka
besno urliknem
to ništa ne menja i ostajem
neodlučan kao i pre dok tako hodim pustinjom?
Ne bi se moglo reći
kakvo je to moje urlikanje: istina je da je strahobno
— tako da mi se od njega lice izobliči
kao ždrelo neke zveri —
ali ono je takođe na neki način i razdragano
pa postajem sličan detetu.
Tim urlikom želim privući nečiju pažnju
ili nekog pozvati u pomoć. No možda i ispsovati ga.
Tim urlikom se oglašava,
u tom nenaseljenom prostoru, *da ja postojim*
ili ne samo da postojim,
već da znam. To je urlik
u kojem se, u dubini nemira
oseća poneki plašljivi drhtaj nade.
Ili je to urlik izvesnosti, potpuno besmislene izvesnosti
u kojoj odzvanja pravo očajanje.
U svakom slučaju ovo je sigurno: bilo
šta da taj moj urlik znači,
on je predodređen da traje posle svakog mogućeg kraja.

KRAJ

PRILOZI

Poglavlje 6, deo I („Kraj činjenica izlaganja"):
  Le jeune homme dont l'oeil est brillant, la peau brune,
  Le beau corps de vingt ans qui devrait aller nu,
  Et qu'eût, le front cerclé de cuivre, sous la lune
  Adoré, dans la Perse, un Génie inconnu,
  Impétueux avec des douceurs virginales
  Et noires, fier de ses premiers entêtements,
  Pareil aux jeunes mers...

(Iz Poésies A. Remboa)

Poglavlje 14, deo I („Prevaspitanje u duhu nereda i neposlušnosti"):
  „Prije nego te sazdah u utrobi, znah te; (u to iskustvo uključena je, kako je poznato i fizička ljubav — prim. autora) i prije nego izide iz utrobe posvetih te; za proroka narodima postavih te.
  A ja rekoh: oh, Gospode, gospode! Evo ne znam govoriti, jer sam dijete.
  A Gospod mi reče: ne govori: dijete sam; nego idi kuda te god pošljem i govori što ti god kažem.
  I pruživši Gospod ruku svoju dotače se usta mojih, i reče mi Gospod: eto, metnuh riječi svoje u tvoja usta."

(Iz Knjige proroka Jeremije, glava I,
stihovi 5, 6, 7, 9)

Poglavlje 16 i 17, deo I („Red je na oca" i „Sve je tako čarobno kao neviđena jutarnja svetlost"):

„*A kad osta Jakov sam, tada se jedan čovjek (to jest Bog) rvaše s njim do zore. I kad viđe da ga ne može savladati, udari ga po zglavku u stegnu, te se Jakovu iščaši stegno iz zglavka, kad se čovjek rvaše s njim. Pa onda reče: pusti me, zora je.*"

(Iz *Prve knjige Mojsijeve* — Postanje —,
glava 32, stihovi 24, 25, 26)

Poglavlje 22, deo I („Kroz poglede zaljubljenog oca"), pasus iz Remboa koji gost upravo čita, verovatno je ovaj:
... *Ona je (u našem slučaju „on" — prim. autora) pripadala sopstvenom životu: a ponovo stvaranje turnusa dobrote trajalo je duže od rađanja zvezde. Obožavana koja, iako se tome nikad nisam nadao, došla je (u našem slučaju „došao je" — prim. autora), nije se vratila („vratio") i nikad više se neće vratiti.*

U vezi sa celim izlaganjem (ili kako je rečeno u tekstu „izveštajem"):
„*Nagovarao si me, Gospode, i dadoh se nagovoriti; bio si jači od mene i nadvladao si me; (i u fizičkom smislu — prim. autora), na podsmijeh sam svaki dan, svak mi se podsmijeva...*

Jer čujem poruge od mnogih, strah od svuda: prokažite da prokažemo; svi koji bijahu u miru sa mnom, vrebaju da posrnem: da ako se prevari, te ćemo ga nadvladati i osvetićemo mu se."

(Iz *Knjige proroka Jeremije*,
glava 20, stihovi 7 i 10

(Svi navodi iz *Svetog pisma* ovde su uneti prema prevodu Đure Daničića. — *Prim.prev.*).

PJER PAOLO PAZOLINI I ROMAN „TEOREMA"

Noću između prvog i drugog novembra 1975, kod Fijumičińa u neposrednoj blizini Rima, ubijen je Pjer Paolo Pazolini, pisac koliko cenjen, toliko osporavan, ali u svakom slučaju originalan umetnik-pisane reči.

Njegov leš je pronađen na blatnjavoj čistini okruženoj barakama u turobnom predelu u kojem caruju beda i nasilje, toliko sličnom predelima po kojima tumaraju besprizorni iz njegovih romana i filmova. Ubio ga je upravo jedan od tih besprizornih, sedamnaestogodišnji Đuzepe Pelozi, zvani „La rana" — „Žabac" koji je samo mesec dana pre tog zločina pušten iz Kaza del Marmo, rimskog zatvora za maloletnike. U tom zatvoru Pelozi je izdržavao kaznu zbog krađe, skitnje, nasilništva. Pazolinijev ubica je, dakle, posedovao sve osobine protagonista romana, filmova, drama ovog svestranog stvaraoca.

Pjera Paola Pazolinija privlači nekonvencionalni način života besprizornih, njihova beskrupuloznost u kršenju građanskih zakona, njihova sirova vitalnost, mračna, divlja, slepa, animalna senuzalnost. Zato stalno želi da im se približi, u njihovom društvu tumara rimskim predgrađem, učestvuje u njihovim zabavama, sa njima stupa u homoseksualne odnose. Oni postaju junaci njegovih romana, njegovi poznati likovi koji isključivo reaguju čulima, čija je priroda sazdana od neobjašnjivih, mračnih sila.

Susret sa rimskom periferijom rasplamsava, dakle, Pazolinijev književni dar tako da svoju umetnost primenjuje na jednu eksplozivnu, vitalnu društvenu situaciju.

No dok s jedne strane, dostojan pera jednog Lotreamona, sa opsesivnom žestinom slika pakao bezakonja sa svim onim što je u njemu animalno, brutalno, nasilničko, sa druge strane, kao intelektualac široke kulture, odaje se proučavanju raznih oblasti ljudskog saznanja. Studira marksizam i Frojda, Gramšija i istoricizam, strukturalizam, semiotiku, antropologiju.

Pjera Paola Pazolinija, dakle, razdiru velike životne protivrečnosti: rafinirani umetnik, vaspitan na poeziji francuskih dekadentnih pesnika i hermetičara, on često napušta čisti, kultivisani svet elegantne uljuđenosti, da bi uživao u neposrednom dodiru sa empirijskim aspektima surove zbilje.

Duboke razloge tih njegovih nemira i stalnih promena koje se uočavaju kako na životnom, tako i na umetničkom planu, otkrivamo na složenom portretu njegove privatne ličnosti. Rođen je 1922. u Bolonji. Sin je oficira iz stare ravenske porodice, otac mu je pristalica fašističke ideologije, pripada vladajućoj klasi, ima veza u visokom društvu. Majka mu je osećajna, obzirna žena, posvećena porodici, potčinjena autoritativnom mužu. Obrazovana je, po zanimanju je nastavnica, potiče iz patrijarhalnog gradića Kazarze u podnožju Julijskih Alpi. U tom gradiću, Pjer Paolo dobija profesorsko mesto čim je, u rodnom gradu, na Filološkom fakultetu odbranio tezu o klasičnom, intimistički raspoloženom pesniku Paskoliju.

Posle izvesnog vremena, iz Kazarze, tog idiličnog mesta sa starim običajima i patrijarhalnim moralom, Pjer Paolo Pazolini prelazi u Rim.

U tom velegradu, tipičnom središtu savremene neokapitalističke urbane civilizacije, postaje duboko svestan raspada vrednosnog sistema kojem je dotada pripadao i suočava se sa jednim problemom koji će postati opsesivna preokupacija svih njegovih umetničkih ostvarenja. To je sukob dveju civilizacija: drevne, narodske, seljačke, s jedne, i novonastale potrošačke civilizacije, sa druge strane.

Sudar te dve različite duhovne klime u mladom provincijalcu izaziva traume i krize. U njemu se javlja drama njegovog života, dobija smisao neprestana potreba za buntom, za skandalom, za sablažnjavanjem građanskog društva koje, po njegovom mišljenju, guši narodski duh.

Pazolini je silno privržen narodskom, elementarnom, izvornom, nagonskom življenju koje se protivi računu, formalizmu, licemernim normama industrijskog sveta i njegovoj sivoj „normalnosti" i normativnosti. Zato u svim svojim delima i stavlja naglasak na spontanost postignutu nihilističkim poricanjem svih zakona neokapitalističkog društva.

Njegov životni stav, njegovo delo i iskaz javljaju se, dakle, kao veoma osoben, kao veoma složen spoj privatnog i javnog, života i umetnosti, strasti i razuma.

Pjer Paolo Pazolini je istovremeno tradicionalista obuzet narodnjačkim, populističkim patosom, ali čovek bez predrasuda, suđen i osudivan, ,,diverso" — homoseksualac, pisac čija su dela na indeksu Vatikana i građanskog društva.

Nemiran duh, on je u životu neumorni izazivač sudbine, tragalac za novim, nemogućim, neobičnim dimenzijama postojanja. U umetnosti, on je eksperimentator koji neprestano istražuje originalne, čak ekstravagantne načine iskaza. Ujedno se javlja kao pesnik, romanopisac, reditelj, dramaturg, kritičar. Burno živi, mnogo radi. Bespoštedno troši svoje umne i telesne potencijale. Za svoga kratkoga života objavio je pet zbirki pesama, tri knjige eseja, dve zbirke pripovedaka, nekoliko drama, snimio mnogo filmova, napisao romane ,,Besprizorni" (1955), ,,Žestok život" (1959) i najzad jedno nesvakidašnje prozno delo prožeto poetskim, simboličkim iskazom, roman ,,Teorema" (1968).

Prošlo je desetak godina od pojave njegovih ranih romana ,,Besprizorni" i ,,Žestok život", tih objektivnih registracija viđenog i doživljenog, u kojima je on, taj zaljubljenik u sirovu stvarnost, sa fanatičnim žarom prosto preslikao lice te stvarnosti.

Dela koja sada Pazolini stvara, roman ,,Teorema" kao i filmovi ,,Jevanđelje po Mateju", ,,Car Edip", ,,Medeja" — više nisu faktografske slike života. Naprotiv, ona se mogu nazvati sakralnim, svečanim ritualima gotovo sudbinskog traganja za nečim što proširuje granice objektivne stvarnosti.

U vreme kada Pazolini piše roman ,,Teorema" u njemu se javlja, kako to sam kaže, ,,potreba da iziđe iz svoje kože", u njemu se javlja potreba da se promeni, da odvrati pogled od neposredne stvarnosti i krene u jednu oblast u kojoj će uspostaviti novi, mnogo bogatiji i složeniji odnos prema empiričkim podacima koje mu ta stvarnost nudi na uvid.

No taj novi stav ne znači samo promenu na formalnom, on znači promenu i na moralnom planu. Taj stav se, naime, zasniva na nečem dubljem od same promene u tretmanu književne materije. To je stav radikalnog udaljavanja od stvarnosti koja Pjeru Paolu Pazoliniju više nije tako bliska, koja se iz osnova promenila otkako je u hiperrealističkom stilu napisao svoje ,,rimske romane".

Pazolini, naime, u to vreme dolazi do saznanja da su potrošačko društvo i njegova civilizacija, posle ekonomskog čuda, konačno srušili njemu bliski starinski, narodski, predindustrijski svet. Za svet koji je posle tog brodoloma stvoren, Pjer Paolo gubi interesovanje.

Zato nije ni čudo što u romanu ,,Teorema", koji piše posle tih iskustava, realnost gubi težinu a ugao viđenja spontanost, poznatu iz njegovih nekadašnjih faktografski zamišljenih povesti o rimskom predgrađu. U tom romanu novog duhovnog usmerenja, ovaj pisac uspostavlja jedan poseban, osoben, gotovo sakralan odnos sa realnošću.

Roman „Teorema" je delo simbolističke fantazije zamišljeno kao svečani ritual, kao mirakl. U mraku formalističkog življenja jedne porodice industrijskog magnata, kao glasnik čežnje za spontanim i prisnim odnosom sa stvarnošću, javlja se praiskonski neokaljan, prirodan, tajanstveni postetilac: mladi gost.

Celu porodicu u koju gost dolazi, oca, majku, sina, kćerku, njihovu služavku pritiska čama usled nemogućnosti da iziđu iz kalupa konvencija. Suočeni sa legalizovanom normalnošću u svetu kojem pripadaju, likovi iz tog romana čine pokušaje da nađu izlaz i put prema spontanosti, nagonskoj, oslobođenoj čulnosti.

Konformizam svih likova pri tome se sastoji u gušenju njihove autentične prirode i u formalističkom prihvatanju morala priznatog u javnosti, to jest morala njihove klase i društvene sredine.

Osećanje besmisla, čame, dosade u svim članovima porodice industrijalca Paola, rađa se zato što se njihova potajna želja za slobodnim, nagonskim životom, sukobljava sa svetom konvencija i utvrđenih moralnih zakona.

Sputani tim predrasudama, oni su u grču kad treba preći preko praga koji vodi u bezakonje koje je, po Pazoliniju, jedino pravo oslobađanje. Samo je miran, opušten, uviđavan božanski glasnik koji preko tog praga treba da ih prevede. On je oličenje nagonskog, veličanja životnih manifestacija u njihovim praiskonskim oblicima veličanja nepredvidljivih reakcija, koje je i ranije bilo prisutno u svim delima P. Paola Pazolinija. U romanu „Teorema", međutim, svemu tome prvi put je dat ceremonijalni karakter.

Pojavom gosta, cela porodica milanskog magnata uspostavlja neposredan odnos sa stvarnošću kroz fizičko posedovanje i davanje. To je ritual koji se odvija u svetlosti jedne sugestivne, halucinantne čulnosti u stalnom sukobu sa neživotnim, apstraktnim moralnim šemama i sa inercijom duha i tela.

U susretu sa božanskim gostom sve postaje otkrovenje, ruše se oveštale šeme logike i razuma, pucaju kalupi u koje je društvo utisnulo ličnosti članova industrijalčeve porodice.

Posle iskustva sa tajanstvenim glasnikom spontanosti, posle tog dodira sa samim izvorištem, prapočetkom života, „normalnost" građanskog sveta odjednom se svela na omot sazdan od automatskih navika koji je porodica smogla snagu da konačno odbaci kao zmija kožu u proleće. •

Pa ipak, ni posle mukotrpnog razbijanja okova kojima je društvo zarobilo ove ličnosti, one ne nalaze smirenje. Postavlja se naime pitanje: može li pojedinac odista ostvariti sreću u bezakonju?

Prožet lucidnim saznanjem, blagim pesimizmom i razočaranjem, na to sudbonosno pitanje Pazolini posredno odgovara da je tako nešto ipak nemoguće. Nemoguće je zaobići zakonitost po kojoj se, hteli mi ili ne hteli, mora organizovati suviše usloženi savremeni društveni organizam. Bez toga reda, nemoguće je opstati.

Protagonisti romana ,,Teorema", u borbi protiv te zakonitosti, doživljavaju potpuni poraz i krah svog identiteta. Njihove iluzije, kao, uostalom, i Pazolinijeve iluzije, da se spasenje može naći u anarhiji, promašene su, pa prema tome i njihove neostvarene težnje, duboko tragične.

Pa ipak, razloge što je Pjer Paolo Pazolini u poslednjim delima izgubio nekadašne interesovanje za preslikavanje realnosti, ne treba isključivo tražiti u razočaranju u tu realnost, već u konačnoj prevlasti inteligencije nad senzibilnošću u njegovoj inspiraciji.

Uprkos mučno pc iskivanom intelektualizmu usled silovite potrebe da se prosto stopi s zvornim životom, Pazolini nikad nije uspeo da u svojoj ličnosti zataška nanose jedne profinjene kulture i odnegovanog estetičkog ukusa. Družio se sa ljudima sa dna, hteo je da se poistoveti sa njima i sa njihovom stvarnošću, ali njegova privrženost besprizornima nikad nije mogla da u njemu pomuti kritičku svest intelektualca, erudite, izgrađenog pisca.

Tragedija Pjera Paola Pazolinija je upravo u tome što se uprkos svim nastojanjima nikad bez ostatka nije mogao stopiti sa sirovom realnošću koju je smatrao oazom životnosti. On se nije mogao poistovetiti sa svojim besprizornima koje je toliko voleo i koje je nalazio upravo u samom srcu relanosti. Pjer Paolo Pazolini je za njih ipak do kraja ostao stranac, bogati, veoma učeni gospodin, što je u stvari on i bio. Njihovi svetovi su bili sudbonosno različiti.

U jednom intervjuu Pazolini kaže: ,,Ma koliko sam se trudio, nikad nisam uspeo da pupčanom vrpcom povežem sakralno i profano."

Od samog početka on je bio duboko osvestan te nepremostive podvojenosti, te udvostručenosti, te izrazite protivrečnosti koja je potresala njegovo biće u borbi između instinktivnosti i uljuđenosti, između sakralnog i profanog. ·

To je objašnjenje zašto i oblik Pazolinijevog umetničkog iskaza oscilira između ta dva komplementarna pola realnosti, između sveta sirove stvarnosti i sveta kulture.

Profinjenost njegovog duha naročito dolazi do izraza u briljantnim filološkim esejima, u studijma o modernoj književnosti, o poetskom filmu, kao i u njegovim filmovima — parabolama sa lirskom i psihoanalitičkom potkom koje snima posle 1963.

No tek u romanu „Teorama", realnost je nadrasla svoje značenje i profano se najzad pretvorilo u sakralno.

Stilski, roman „Teorema" bi se mogao smatrati odrazom kulta jednostavnosti u literaturi. To delo se javlja u vreme kada je doktrina antiromana, antinaracije veoma aktuelna. U njemu se stoga ne ide za postizanjem dekorativnosti, to jest za postizanjem savršenstva forme i uobličavanjem književne materije. Sve snage su pokrenute prema iskazivanju ideja i nekih egzistencijalnih principa, jer to i jeste roman ideja i principa, a ne slika neposredne stvarnosti.

U saglasnosti sa objektivističkim načelima umetnosti pisanja, tok svesti likova gotovo je prirodan, iskaz je pomalo setan, povremeno blago ironičan, ali jednostavan, geometrijski sažet, upravo kao kakva „teorema".

Prisutna je izrazita težnja za oslobađanjem rečenice od svakog naturalisitčkog elementa koje je pisac obilno koristio u svojoj ranijoj hiperrealističkoj naraciji. Životne situacije odslikavaju se škrtom reči, nema dramske tenzije niti svakodnevnih životnih zaleta, strasti su pročišćene, ostaju u pozadini duha.

Portreti likova radikalno su svedeni na ono suštinsko. To je razumljivo jer oni nisu slika živih ljudi, slika karaktera iz stvarnosti koji se zasnivaju na bogatoj gami ljudskih osećanja. Oni su simboli, čisti i pojednostavljeni, građeni u odbranu jedne teze.

Roman „Teorema" mestimično je čak pisan u sadašnjem vremenu, uprošćenom sintaksom i leksikom, onako kako se pišu filmski sinopsisi. Kritičari su to posebno isticali i sličnost književnog postupka sa filmskim iskazom u tom delu objašnjavali time što je u vreme kad je roman „Teorema" objavljen, znači u proleće 1968, Pazolini snimio i istoimeni film sa Terensom Stampom u ulozi Gosta.

Pazolini je nameravao da film snimi u Njujorku, tom centru kapitalističke moći i visoko industrijalizovanog sveta, dakle, u jednoj atmosferi koja bi najbolje odrazila egzistencijalnu moru njegovih junaka. Međutim, snimio ga je u Milanu u koji je smestio i radnju romana, u Milanu, gradu koji je, kako je to sam govorio „od svih italijanskih gradova imao najizrazitije evropsko obeležje", u kojem je građanska klasa najbogatija i ima najveći autoritet.

Delo se pojavilo u knjižarskim izlozima malo pre no što je film stigao u bioskopske dvorane. Ono je probudilo pažnju kao smeo i neobičan pokušaj slikanja jedne gotovo mistične metarealnosti.

Predstavljalo je iznenađenje tim pre što je označavalo prelom u radu Pjera Paola Pazolinija, konačno napuštanje neposredne opservacije stvarnosti i prelaz sa strogo objektivne povesti na mirakl, na čudesnu simboliku i mitski iskaz.

Jugana STOJANOVIĆ

SADRŽAJ

Prvi deo

1	Podaci	9
2	Još neki podaci (I)	11
3	Još neki podaci (II)	13
4	Još neki podaci (III)	15
5	Još neki podaci (IV)	17
6	Kraj izlaganja činjenica	19
7	Sveti seks gosta Emilijinih gospodara	21
8	Ponižavajući jad i beda sopstvenog nagog tela i moć nagog tela druga koje je otkrovenje	26
9	Otpor otkrovenju	29
10	Anđelak dolazi i odlazi	30
11	Određivanje sebe kao oruđa sablazni	32
12	Zar je to samo preljuba?	34
13	Ovde počinje novo posvećenje u tajnu jednog dečaka iz građanske klase	40
14	Prevaspitanje u duhu nereda i neposlušnosti	42
15	„Prvi koji se vole..."	44
16	Red je na oca	47
17	Sve je tako čarobno kao neviđena jutarnja svetlost	49
18	Ljupkost i smešna nespretnost ,,obespravljenih na ovom svetu"	51
19	Doručak pod vedrim nebom	53
20	Može li jedan otac biti smrtan?	54
21	Ceremonijal jednog bolesnog čoveka (koji se srozao do deteta) sa jednim zdravim momkom (koji se uzdigao do mladog bića iz drevnih vremena)	57
22	Kroz pogled zaljubljenog oca	59
23	Devojčica u gnezdu mužanstva	62
24	„Prvi raj, Odeta..."	64

25 Od posednika do posedovanog		68
26 Žute trstike na oblama Poa		71
27 „Jevreji se podigoše i krenuše..."		73
28 Druga blagovest Anđelka		78

Dodatak prvom delu

Žudnja za smrću	81
Izjednačavanje rodoskrnavljenja sa stvarnošću	83
Gubitak bitka	84
Poništavanje mišljenja o sebi	88
Lumpenproletarijat i Bog u dosluhu	83

Drugi deo

1 Još nešto o Emiliji	93
2 Još nešto o Odeti	99
3 U usamljenoj kućici	102
4 Ovde se opisuje kako je Odeta najzad izgubila ili izdala Boga	103
5 Rane gnojnice	109
6 Još nešto o Pjetru	111
7 Koprive	113
8 Opet koprive	115
9 Vokacija i izražajne tehnike	118
10 „Da, svakako, ko o čemu mladi..."	124
11 Ovde se opisuje kako gospodičić Pjetro najzad gubi i izdaje Boga	128
12 Još nešto o Lučiji	130
13 Ovde se opisuje kako i Lučija najzad gubi i izdaje Boga	135
14 Levitacija	144
15 Anketa o svetiteljstvu	146
16 Došlo vreme da se mre	151
17 Još nešto o Paolu	156
18 Anketa o poklanjanju fabrike	160
19 „O, moje bose noge...	165
Prilozi	169
Jugana Stojanović: *Pjer Paolo Pazolini i roman i „Teorema"*	171

RAD
Beograd
Moše Pijade 12

*

Glavni urednik
Dragan Lakićević

*

Za izdavača
Milovan Vlahović

*

Lektor
Zorana Bogunović

*

Korektor
Jelka Milšić

*

Nacrt za korice
Janko Krajšek

*

Štampano
u 6.000 primeraka

Štampa
GRO ,,Kultura''
OOUR ,,Slobodan Jović''
Beograd
Stojana Protića 52

КАТАЛОГИЗАЦИЈА У ПУБЛИКАЦИЈИ (CIP)

850-31
ПАЗОЛИНИ, Пјер Паоло
 Teorema / Pjer Paolo Pazolini ; [sa italijanskog prevela Jugana Stojanović]. — Beograd : Rad, 1988. — 179 стр. ; 18 см. — (Reč i misao. Nova serija ; 414)
 Превод дела: Теорема / Пјер Паоло Пасолини. — Пјер Паоло Пазолини и роман „Теорема" / Југана Стојановић: стр. 171—177.
ISBN 86-09-00139-3
850(091)-31
ПК : а. Пазолини, Пјер Паоло (1922—1975) — „Теорема"

Обрађено у Народној библиотеци Србије, Београд

ISBN 86-09-00139-3

www.ingramcontent.com/pod-product-compliance
Lightning Source LLC
Chambersburg PA
CBHW071711090426
42738CB00009B/1741